プロからのアドバイス

新 相続税制 証券税制 と 資産対策

税理士 山本 和義 〔編著〕
税理士 高田 隆央・宇都宮 春樹 〔共著〕

清文社

は じ め に

　税理士は、税の専門家ではありますが、地方税である固定資産税や不動産取得税に代表される賦課課税方式で課税される税や、源泉徴収制度によって課税関係が完結する証券税制などについては意外と不得手な領域であることが少なくありません。

　また、各種社会保障制度が、収入金額や所得金額がリンクして保障や給付に大きな影響を与えますが、社会保障に関する分野は社会保険労務士が専門家で、税理士はその受給要件などについて詳細を知りません。

　そのため、特定口座源泉徴収ありの口座で上場株式等を譲渡して譲渡損失が生じた場合に、翌年以降にその損失を繰り越すために確定申告を行うことが一般的であると思います。

　しかし、75歳以上の高齢者の場合、一定の所得金額以下の者の医療費の窓口負担は原則として1割とされていますが、一定額以上の収入金額があった者は、現役並み所得者と判定され、医療費の窓口負担割合は3割とされます。この場合の収入金額は、上場株式等の譲渡収入金額とされますが、特定口座源泉徴収ありの口座内で課税関係が完結していれば収入金額の判定に影響しません。一方、上場株式等の譲渡損失の確定申告を行うことで、収入金額が医療費の窓口負担の判定に影響を与えますが、そのことに配慮がなく機械的に確定申告をしてしまうことも生じ得ます。

　今後は、社会保障と税の共通番号制度によって管理することとなることから、上場株式等の譲渡損益や上場株式等の配当所得の金額などの確定申告については、税負担の有利不利の判定だけでなく、各種社会保障制度の所得金額等の要件などにも目配りして行うことが必須になると考えられます。

　そこで、本書は、第1章（担当：宇都宮）では、平成25年度及び26年度税制改正のうち、証券税制の改正の概要と相続税・贈与税の改正のポイントに

ついて解説しています。第2章（担当：高田）では、相続（贈与）の具体的な対策の方法などについて、弊所の考え方などについて私見を交え分かり易く解説してあります。第3章（担当：山本）では、証券税制を活用した資産対策について、証券税制の課税関係を確認しながら実務における留意点などを中心に解説しています。

　筆者は、全員実務家で、実務で生じた問題などについて疑問に思ったことや、実務上重要と思われる事項を取り上げて本書で解説してありますので、一つでも読者諸賢の参考になる部分があれば望外の喜びです。

　なお、文中意見に渡る部分は私見ですので、念のため申し添えます。

平成26年7月

著者を代表して
税理士　山 本 和 義

目 次

第1章 平成25・26年度税制改正の概要

第1節 相続税の改正（平成25年度税制改正）

1 相続税の基礎控除の見直し ……………………………………… 2
2 相続税の税率構造の見直し ……………………………………… 5
3 未成年者控除及び障害者控除の引上げ ………………………… 7
4 国外財産に関する納税義務の範囲の拡大 ……………………… 8
5 小規模宅地等についての相続税の課税価格の計算の特例の拡充 … 11
6 事業承継税制の適用要件の緩和 ………………………………… 22

第2節 贈与税の改正（平成25年度税制改正）

1 税率構造の見直し ………………………………………………… 27
2 相続時精算課税の見直し ………………………………………… 29
3 教育資金の一括贈与に係る贈与税の非課税措置の創設 ……… 32
4 障害者の扶養信託契約に係る贈与税の非課税措置の拡充 …… 38

第3節 証券税制の改正（平成25年度税制改正）

1 証券税制改正の概要 ……………………………………………… 41
2 上場株式等の配当等及び譲渡所得等に係る10％軽減税率の廃止 … 42
3 NISA（少額投資非課税制度）の創設 ………………………… 42
4 株式等に係る譲渡所得等の分離課税制度の変更 ……………… 47
5 割引債の課税方式等の変更 ……………………………………… 50

第4節 平成26年度税制改正の概要

1 同族法人等が発行する公社債等の利子の課税方式の改正 ………… 51
2 NISAについて ……………………………………………………… 52
3 その他証券税制の見直し …………………………………………… 54
4 相続財産にかかる譲渡所得の課税の特例（相続税額の取得費加算特例）の見直し … 56
5 医業継続に係る相続税・贈与税の納税猶予等の創設 ……………… 59
6 特例農地等を収用等のために譲渡した場合の農地等の納税猶予の取扱い … 63

第2章　相続（贈与）の対策はこうする

第1節 相続対策の基本…現状分析（財産棚卸し） 69

1 不動産について ……………………………………………………… 72
2 預貯金について ……………………………………………………… 73
3 有価証券 ……………………………………………………………… 73
4 生命保険契約 ………………………………………………………… 73
5 その他の資産 ………………………………………………………… 74
6 借入金 ………………………………………………………………… 74
【コラム】名義預金や名義株式（以下、名義預金等）について ……… 75

第2節 相続対策の目的 77

1 納税資金対策 ………………………………………………………… 77
2 争族対策 ……………………………………………………………… 79
3 相続税の軽減対策 …………………………………………………… 80

第3節　生前贈与　……82

1. いつ …………………………………………………… 82
2. 誰に …………………………………………………… 84
3. 何を …………………………………………………… 85
4. どれだけ ……………………………………………… 86
5. 生前贈与を実行する際の注意点 …………………… 87
6. 相続時精算課税 ……………………………………… 87
7. 教育資金の贈与 ……………………………………… 89
8. 上場有価証券等の贈与 ……………………………… 89
9. 非上場株式等の贈与 ………………………………… 90

第4節　資産管理会社（法人）の活用　……93

1. 資産管理会社の目的 ………………………………… 93
2. 資産管理会社（法人）を活用した株式贈与 ……… 97

第5節　事業承継対策　……99

1. 対策の目的 …………………………………………… 99
2. 対策実施の前に ……………………………………… 100
3. 株価対策 ……………………………………………… 101
4. 議決権対策 …………………………………………… 112
【コラム】特別受益の持戻しと、持戻しの免除 ……… 118

第6節　一般社団法人という選択肢　……120

1. 一般社団法人とは …………………………………… 120
2. 設立・コスト ………………………………………… 120
3. 活用メリット ………………………………………… 121

| 4   留意点 ……………………………………………………………… 122

第7節　非上場株式等に係る相続税の納税猶予制度　123

   1   制度の概要 …………………………………………………… 123
   2   納税猶予税額 ………………………………………………… 124

第8節　非上場株式等の物納　129

   1   物納の要件、物納申請財産の要件 ………………………… 129
   2   管理処分不適格財産と物納劣後財産の区分 ……………… 130
   3   物納に充てることのできる財産の種類及び順位 ………… 130

第3章　証券税制を活用した資産対策はこうする

第1節　少額投資非課税制度（NISA）　138

   1   制度の概要 …………………………………………………… 138
   2   平成26年度税制改正の概要 ………………………………… 140
   3   制度の利用についての留意点 ……………………………… 142
   【コラム】実際の損益は利益・税務上は損失？ ……………… 148

第2節　有価証券等の譲渡に係る課税関係　149

   1   譲渡があった日 ……………………………………………… 149
   2   源泉徴収口座の譲渡所得や配当所得の申告に係る留意点 ………… 150
   3   前年以前の上場株式等の譲渡損失に係る更正の請求 …… 151

第3節　配当所得等に係る課税関係　　153

- 1　上場株式等の配当等に関する課税関係 ……………………… 153
- 2　非上場株式等の配当等に関する課税関係と留意点 ………… 155
- 3　配当所得の申告有利不利の目安 ……………………………… 156

第4節　譲渡損益計算及び損益通算　　159

- 1　損益通算の特例及び繰越控除の特例 ………………………… 159
- 2　申告分離課税の特例及び申告不要の特例 …………………… 162
- 3　譲渡損益計算及び損益通算のルール ………………………… 163
- 【コラム】特定口座で保管されていた上場株式等を相続等又は贈与により移管する場合 … 166
- 【コラム】死亡した者の特定口座 ………………………………… 166
- 【コラム】出国した者の特定口座 ………………………………… 167
- 【コラム】特定口座内保管上場株式等が上場株式等に該当しなくなった場合の特例 … 168

第5節　番号法と社会保障　　170

- 1　番号制度の概要 ………………………………………………… 170
- 2　番号制度導入による社会保障給付に関するメリット ……… 172
- 3　番号制度導入による所得の過少申告等の防止 ……………… 173
- 4　番号法により所得情報等の提供を予定している事務 ……… 174
- 5　番号法と法定調書 ……………………………………………… 175
- 6　各種社会保障の給付を受ける場合の所得金額 ……………… 180
- 【コラム】収入金額と総収入金額の違い ………………………… 183
- 7　社会保障給付における所得制限等 …………………………… 184
- 【コラム】上場株式等の譲渡損失の繰越控除の特例の適用要件 … 189
- 【コラム】退職所得 ………………………………………………… 202

第6節 少人数私募債の活用法　203

1 少人数私募債の概要 …………………………………………… 203
2 少人数私募債の活用法 ………………………………………… 206

第7節 国外財産調書と利子所得の課税　215

1 国外財産調書の概要 …………………………………………… 216
2 国外財産とは …………………………………………………… 216
3 過少申告加算税等の特例 ……………………………………… 219
4 罰則 ……………………………………………………………… 220
5 実務上の留意点 ………………………………………………… 220

主な凡例

相法……相続税法
国通法……国税通則法
措法……租税特別措置法
措令……租税特別措置法施行令
措規……租税特別措置法施行規則
相基通……相続税法基本通達
所基通……所得税基本通達
措（法）通……租税特別措置法通達（法人）
平25改法附……平成25年所得税法等の一部を改正する法律附則
平26改法附……平成26年所得税法等の一部を改正する法律附則

（注）　本書の内容は、平成26年6月30日現在の法令通達等に基づいています。

第1章 平成25・26年度税制改正の概要

第1節 相続税の改正（平成25年度税制改正）

 相続税の基礎控除の見直し

　現在の基礎控除は、バブル期の地価の急騰による相続財産の価格上昇に対応して、負担調整を行うために引き上げられてきましたが、その後の地価下落にもかかわらず、据え置かれたままです。したがって、地価動向の推移に対応して基礎控除の水準を引き下げることにより、相続税の資産再分配機能を回復することが課題となっているとの専門家委員会の指摘がありました。（相法15①）

　そこで、具体的な基礎控除のあるべき水準を考えるに当たっては、過去の税制改正時からの地価水準等の変動状況を踏まえ、これに対応して基礎控除を見直すこととなりました。

【相続税の基礎控除額】

改正前	5,000万円＋1,000万円×法定相続人の数

改正後	3,000万円＋600万円×法定相続人の数

 上記の改正は、平成27年1月1日以後の相続又は遺贈により取得する財産に係る相続税について適用されます。（平25改法附1五ロ、10①）

第1章 平成25・26年度税制改正の概要

【地価公示価格指数（昭和58年＝100）と相続税の主な改正】

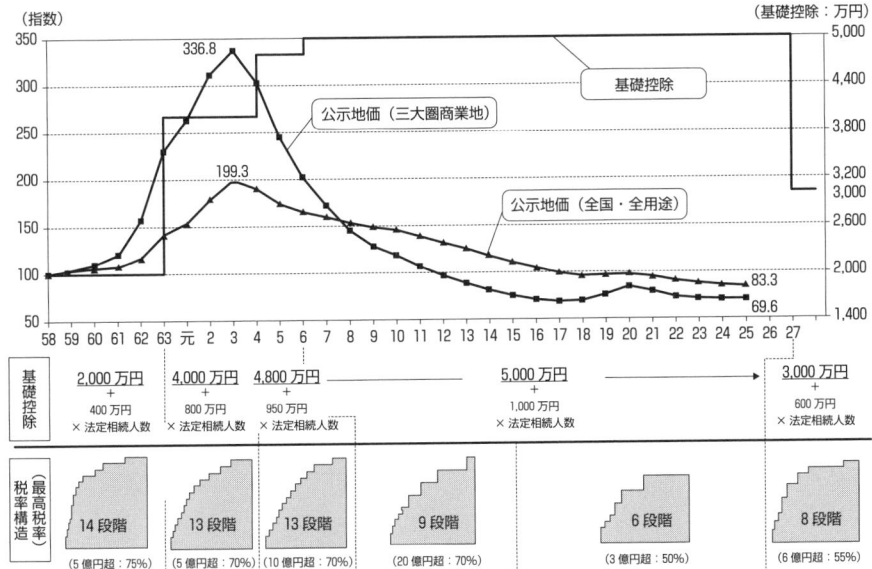

（出典：財務省ホームページ）

* 基礎控除の水準について、物価・地価が現在と同等であった時期（昭和50年代半ば）に適用されていた水準と同等となるよう、あるべき水準に再設定し、相続税の基礎控除の定額控除などを現行水準の60％に改定することとしました。

【相続税の課税状況の推移】

区分 年分	死亡者数(a)(人)	課税件数(b)(件)	(b)/(a)(％)	合計額(c)(億円)	被相続人一人当たり金額(万円)	納付税額(d)(億円)	被相続人一人当たり金額(万円)	(d)/(c)(％)
昭和63	793,014	36,468	4.6	96,380	26,428.6	15,629	4,285.5	16.2
平成元	788,594	41,655	5.3	117,686	28,252.5	23,930	5,744.9	20.3
2	820,305	48,287	5.9	141,058	29,212.4	29,527	6,114.8	20.9
3	829,797	56,554	6.8	178,417	31,548.0	39,651	7,011.2	22.2
4	856,643	54,449	6.4	188,201	34,564.7	34,099	6,262.5	18.1
5	878,532	52,877	6.0	167,545	31,685.9	27,768	5,251.5	16.6
6	875,933	45,335	5.2	145,454	32,084.4	21,058	4,644.9	14.5
7	922,139	50,729	5.5	152,998	30,159.9	21,730	4,283.5	14.2
8	896,211	48,476	5.4	140,774	29,039.9	19,376	3,997.0	13.8
9	913,402	48,605	5.3	138,635	28,522.8	19,339	3,978.8	13.9
10	936,484	49,526	5.3	132,468	26,747.1	16,826	3,397.4	12.7
11	982,031	50,731	5.2	132,699	26,157.3	16,876	3,326.5	12.7
12	961,653	48,463	5.0	123,409	25,464.7	15,213	3,139.0	12.3
13	970,331	46,012	4.7	117,035	25,435.7	14,771	3,210.2	12.6
14	982,379	44,370	4.5	106,397	23,979.4	12,863	2,899.0	12.1
15	1,014,951	44,438	4.4	103,582	23,309.4	11,263	2,534.6	10.9
16	1,028,602	43,488	4.2	98,618	22,677.0	10,651	2,449.1	10.8
17	1,083,796	45,152	4.2	101,953	22,579.9	11,567	2,561.8	11.3
18	1,084,450	45,177	4.2	104,056	23,032.9	12,234	2,708.1	11.8
19	1,108,334	46,820	4.2	106,557	22,758.9	12,666	2,705.3	11.9
20	1,142,407	48,016	4.2	107,482	22,384.7	12,517	2,606.8	11.6
21	1,141,865	46,439	4.1	101,230	21,798.6	11,632	2,504.7	11.5
22	1,197,012	49,891	4.2	104,630	20,971.7	11,753	2,355.7	11.2
23	1,253,066	51,559	4.1	107,468	20,843.7	12,516	2,427.5	11.6
24	1,256,359	52,572	4.1	107,718	20,489.6	12,415	2,361.5	11.5

 **相続税の税率構造の見直し**

　税率構造については、昭和63年以降累次にわたり、最高税率の引下げを含む累進構造の緩和が行われてきており、税率構造の見直しを図ることで資産再分配機能を回復させることが考えられるとの指摘を受けて、以下のように見直しが行われます。（相法16、21の7）

【相続税の速算表】

改正前			改正後		
各取得分の金額	率	控除額	各取得分の金額	率	控除額
1,000万円以下	10%	―	1,000万円以下	10%	―
3,000万円以下	15%	50万円	3,000万円以下	15%	50万円
5,000万円以下	20%	200万円	5,000万円以下	20%	200万円
10,000万円以下	30%	700万円	10,000万円以下	30%	700万円
30,000万円以下	40%	1,700万円	20,000万円以下	40%	1,700万円
30,000万円超	50%	4,700万円	30,000万円以下	45%	2,700万円
			60,000万円以下	50%	4,200万円
			60,000万円超	55%	7,200万円

 上記の改正は、平成27年1月1日以後の相続又は遺贈により取得する財産に係る相続税について適用されます。（平25改法附1五ロ、10①②）

【最近における相続税の税率構造の推移】

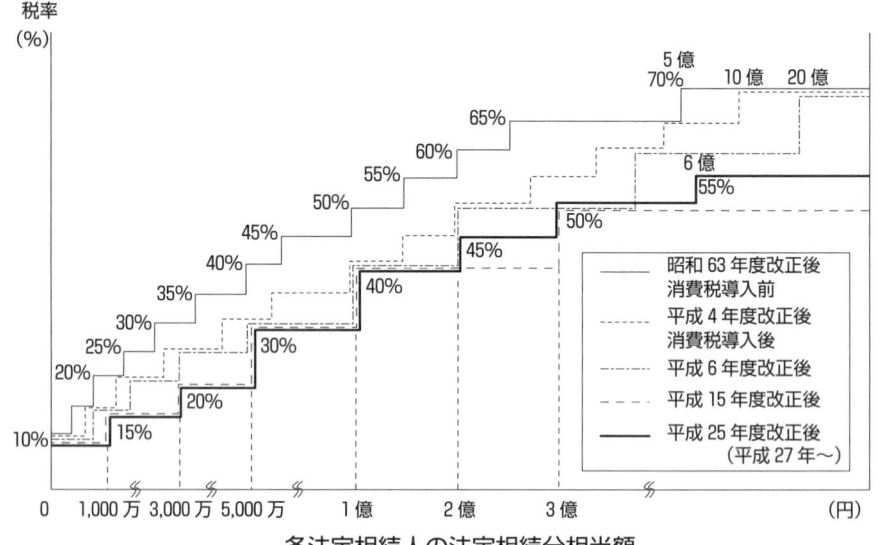

(出典：財務省ホームページ)

> **参考** 相続税の基礎控除と税率構造の見直しによる相続税への影響の試算

(1) 配偶者及び子が相続人の場合（配偶者が法定相続分取得したものとした場合）

(単位：万円)

子の数 課税価格	配偶者＋1人		配偶者＋2人		配偶者＋3人		配偶者＋4人		配偶者＋5人	
	改正前	改正後	改正前	改正後	改正前	改正後	改正前	改正後	改正前	改正後
1億円	175	385	100	315	50	262	0	225	0	188
2億円	1,250	1,670	950	1,350	812	1,217	675	1,125	575	1,033
3億円	2,900	3,460	2,300	2,860	2,000	2,540	1,800	2,350	1,663	2,243
4億円	4,900	5,460	4,050	4,610	3,525	4,155	3,250	3,850	3,013	3,660
5億円	6,900	7,605	5,850	6,555	5,275	5,962	4,750	5,500	4,500	5,203
6億円	8,900	9,855	7,850	8,680	7,025	7,838	6,500	7,375	6,000	6,913
7億円	11,050	12,250	9,900	10,870	8,825	9,885	8,250	9,300	7,725	8,830
10億円	18,550	19,750	16,650	17,810	15,575	16,635	14,500	15,650	13,700	14,830
20億円	43,550	46,645	40,950	43,440	38,350	41,182	37,000	39,500	35,925	38,083

(2) 子のみが相続人の場合

(単位：万円)

子の数 課税価格	1人		2人		3人		4人		5人	
	改正前	改正後	改正前	改正後	改正前	改正後	改正前	改正後	改正前	改正後
1億円	600	1,220	350	770	200	630	100	490	0	400
2億円	3,900	4,860	2,500	3,340	1,800	2,460	1,450	2,120	1,250	1,850
3億円	7,900	9,180	5,800	6,920	4,500	5,460	3,500	4,580	3,000	3,800
4億円	12,300	14,000	9,800	10,920	7,700	8,980	6,500	7,580	5,500	6,700
5億円	17,300	19,000	13,800	15,210	11,700	12,980	9,600	11,040	8,500	9,700
6億円	22,300	24,000	17,800	19,710	15,700	16,980	13,600	15,040	11,500	13,100
7億円	27,300	29,320	22,100	24,500	19,700	21,240	17,600	19,040	15,500	17,100
10億円	42,300	45,820	37,100	39,500	31,900	35,000	29,600	31,770	27,500	29,100
20億円	92,300	100,820	87,100	93,290	81,900	85,760	76,700	80,500	71,500	76,000

未成年者控除及び障害者控除の引上げ

1 制度の概要

相続人が未成年者のとき、又は、相続人が85歳未満で障害者のときは、相続税額から一定の金額を差し引くことができます。

2 改正の概要

前回改正時（昭和63年）からの物価の動向等を踏まえ、未成年者控除及び障害者控除を次のとおり引上げることとしました。（相法19の3①、19の4①）

未成年者控除		障害者控除	
改正前	改正後	改正前	改正後
20歳までの1年につき6万円	20歳までの1年につき10万円	85歳までの1年につき6万円（特別障害者については12万円）	85歳までの1年につき10万円（特別障害者については20万円）

 上記の改正は、平成27年1月1日以後の相続又は遺贈により取得する財産に係る相続税について適用することとされています。(平25改法附1五ロ、10①)

3 控除額の推移

昭和33年	昭和48年	昭和50年	昭和63年
1万円	2万円	3万円	6万円

※ 障害者控除は昭和47年に創設。その後の改正は上記と同様。

　未成年者控除について、昭和33年当時に控除額を1万円としたのは、所得税の1人目扶養控除額が5万円×相続税の限界税率の平均が20％＝1万円という考え方に基づくものです。その後の改正においては、物価等の動向を踏まえ、調整を図ってきました。

 国外財産に関する納税義務の範囲の拡大

　相続又は遺贈により財産を取得した個人は、相続税の納税義務者となります。納税義務者は、「無制限納税義務者」「制限納税義務者」及び「特定納税義務者」に区分されます。「無制限納税義務者」は、さらに「居住無制限納税義務者」と「非居住無制限納税義務者」に区分されます。

1 無制限納税義務者

(1) 居住無制限納税義務者

　相続又は遺贈により財産を取得した個人でその財産を取得した時において日本国内に住所を有するもの。

(2) 非居住無制限納税義務者

　相続又は遺贈により財産を取得した日本国籍を有する個人でその財産を取得した時において日本国内に住所を有していないもの(その個人又はその相続若しくは遺贈に係る被相続人(遺贈をした人を含みます。)がその相続又は

遺贈に係る相続の開始前5年以内のいずれかの時において日本国内に住所を有していたことがある場合に限ります。)。

2　制限納税義務者

相続又は遺贈により日本国内にある財産を取得した個人でその財産を取得した時において日本国内に住所を有していないもの(非居住無制限納税義務者に該当する人を除きます。)。

3　特定納税義務者

贈与により相続時精算課税の適用を受ける財産を取得した個人(上記無制限納税義務者及び制限納税義務者に該当する人を除きます。)。

【納税義務者の範囲の概要図　(出典：図解相続税・贈与税)】

被相続人(※1)		相続人　国内に住所あり	国内に住所なし		
			日本国籍所有(※2)		日本国籍なし
			5年以内に国内に住所あり	5年超住所なし	
国内住所あり		居住無制限納税義務者	非居住無制限納税義務者	非居住無制限納税義務者	制限納税義務者
国内住所なし	5年以内には国内に住所あり				
	5年超住所なし			制限納税義務者	

※1　被相続人の国籍は関係ありません。したがって、被相続人が日本国籍を有しない米国人の場合と日本国籍を有する日本人の場合での違いはありません。国籍が関係するのは相続人だけです。
※2　日本国籍と外国国籍とを併有する重国籍者も日本国籍所有に含まれます。
※3　住所・国籍の有無の判定は、財産取得の時を基準とします。
※4　贈与により相続時精算課税の適用を受けた者はこの表に含まれていません。

改正前における納税義務者別の課税財産の範囲については、財産を取得した時に、相続人又は受遺者の住所が日本国内にあるかどうかによって、以下のように異なります。

【納税義務者別の課税財産の範囲】

納税義務者の区分		課税される財産
無制限納税義務者	居住無制限納税義務者	国内財産、国外財産及び相続時精算課税適用財産
	非居住無制限納税義務者	
制限納税義務者（非居住無制限納税義務者に該当する者を除きます。）		国内財産及び相続時精算課税適用財産
特定納税義務者		相続時精算課税適用財産

　今般の改正で、子や孫等に外国籍を取得させることにより、国外財産への課税を免れるような租税回避事例が生じていることから、日本国内に住所を有しない個人で日本国籍を有しないものが、日本国内に住所を有する者から相続若しくは遺贈又は贈与により取得した国外財産を、相続税又は贈与税の課税対象に加えることとしました。

　また、海外からの転勤者が日本に滞在中に母国の家族へ母国の財産を贈与すると日本の贈与税が課されることとなります。（相法1の3、1の4）

 上記の改正は、平成25年4月1日以後に相続若しくは遺贈又は贈与により取得する国外財産に係る相続税又は贈与税について適用されます。（平25改法附11）

【改正前】

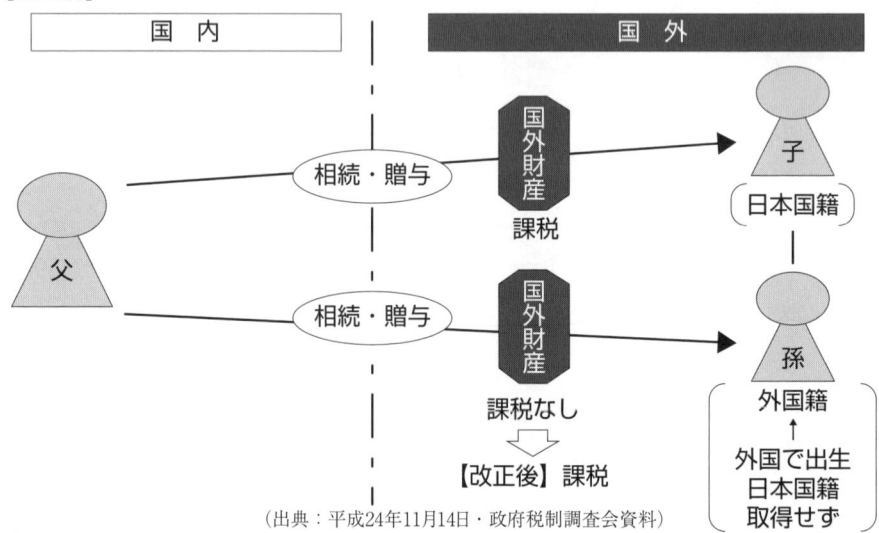

（出典：平成24年11月14日・政府税制調査会資料）

【国外財産に関する納税義務の範囲の拡大】

	相続人 受贈者	国内に 居住	国外に居住		
被相続人 贈与者			日本国籍あり		日本国籍なし
			5年以内に国 内に住所あり	左記以外	
国内に居住					改正部分※
国外に 居住	5年以内に国内 に住所あり	国内財産 国外財産	ともに課税		
	上記以外			国内財産のみに課税	

※ 改正前においては、国内財産のみに課税されていたが、改正後では国内財産・国外財産ともに課税の対象となる。(出典:平成24年11月14日・政府税制調査会資料)

5 小規模宅地等についての相続税の課税価格の計算の特例の拡充

1 改正の概要

(1) 特定居住用宅地等に係る特例の適用対象面積を330㎡(現行240㎡)までの部分に拡充することとされました。(措法69の4②)

(2) 特例の対象として選択する宅地等の全てが特定事業用等宅地等及び特定居住用宅地等である場合には、それぞれの適用対象面積まで適用可能とされました。

なお、貸付事業用宅地等を選択する場合における適用対象面積の計算については、現行どおり、調整を行うこととされています。(措法69の4②)

(3) 一棟の二世帯住宅で構造上区分のあるものについて、被相続人及びその親族が各独立部分に居住していた場合には、その親族が相続又は遺贈により取得したその敷地の用に供されていた宅地等のうち、被相続人及びその親族が居住していた部分に対応する部分を特例の対象とすることとされました。(措法69の4③二イ)

現行法では、住宅内部で互いに行き来ができない構造の場合は、被相続

人の同居親族に該当しないこととされていることから、完全分離型の二世帯住宅で、被相続人と同居の親族が他にいないときはその自宅敷地について小規模宅地等の特例の適用ができませんでした。

　これが、今般の改正で二世帯住宅の構造上の要件が撤廃され、小規模宅地等の特例の適用を受けることができるようになります。

(4)　次のような理由により、老人ホーム等に入所又は入居したことにより被相続人の居住の用に供されなくなった家屋の敷地の用に供されていた宅地等は、相続の開始の直前において被相続人の居住の用に供されていたものとして、一定の要件を満たす場合には、特例が適用できるよう改正されました。（措法69の4③二ロ）

① 　要介護認定又は要支援認定を受けていた被相続人が次の住居又は施設に入居又は入所していたこと
　　イ　認知症対応型老人共同生活援助事業が行われる住居、養護老人ホーム、特別養護老人ホーム、軽費老人ホーム又は有料老人ホーム
　　ロ　介護老人保健施設
　　ハ　サービス付き高齢者向け住宅

② 　障害支援区分の認定を受けていた被相続人が障害者支援施設などに入所又は入居していたこと

> **適用期日**　上記(1)及び(2)の改正は、平成27年1月1日以後に相続又は遺贈により取得する財産に係る相続税について適用（平25改法附1五ハ、85②）され、上記(3)及び(4)の改正は、平成26年1月1日以後に相続又は遺贈により取得する財産に係る相続税について適用されます。（平25改法附1三イ、85①）

改正前
被相続人が、老人ホームに入所したため、相続開始の直前においても、それまで居住していた建物を離れていた場合において、次に掲げる状況が客観的に認められるときには、被相続人が居住していた建物の敷地は、相続開始の直前においてもなお被相続人の居住の用に供されていた宅地等に該当するものとして差し支えないものと考えられます。 ① 　被相続人の身体又は精神上の理由により介護を受ける必要があるため、老人ホームへ入所することとなったものと認められること。(特別養護老人ホーム) ② 　被相続人がいつでも生活できるようその建物の維持管理が行われていたこと。 ③ 　入所後あらたにその建物を他の者の居住の用その他の用に供していた事実がないこと。 ④ 　その老人ホームは、被相続人が入所するために被相続人又はその親族によって所有権が取得され、あるいは終身利用権が取得されたものでないこと。 【国税庁質疑応答事例より】

改正後
要介護認定又は要支援認定を受けていた被相続人が、下記の住居又は施設に入所したため、被相続人の居住の用に供されなくなった家屋の敷地の用に供されていた宅地等は、次の要件が満たされる場合に限り、相続の開始の直前において被相続人の居住の用に供されていたものとして特例を適用することとします。(上記改正前の②及び④の要件は廃止されます。) ① 　被相続人に介護が必要なため入所したものであること。 ② 　当該家屋が貸付け等の用途に供されてないこと。 ＜該当する施設＞ 　認知症対応型老人共同生活援助事業が行われる住居 　養護老人ホーム 　特別養護老人ホーム 　軽費老人ホーム 　有料老人ホーム 　介護老人保健施設 　サービス付き高齢者向け住宅 　障害者支援施設又は共同生活援助を行う住居

2　改正後の小規模宅地等の適用関係

　改正後の小規模宅地等については、相続税の課税価格に算入すべき価額の計算上、次の表に掲げる区分ごとに一定の割合を減額します。

相続開始の直前における宅地等の利用区分				要　件	限度面積	減額割合
被相続人等の事業の用に供されていた宅地等	貸付事業以外の事業用の宅地等		①	特定事業用宅地等に該当する宅地等	400㎡	80%
	貸付事業用の宅地等	一定の法人に貸し付けられ、その法人の事業（貸付事業を除く）用の宅地等	②	特定同族会社事業用宅地等に該当する宅地等	400㎡	80%
			③	貸付事業用宅地等に該当する宅地等	200㎡	50%
		一定の法人に貸し付けられ、その法人の貸付事業用の宅地等	④	貸付事業用宅地等に該当する宅地等	200㎡	50%
		被相続人等の貸付事業用の宅地等	⑤	貸付事業用宅地等に該当する宅地等	200㎡	50%
被相続人等の居住の用に供されていた宅地等			⑥	特定居住用宅地等に該当する宅地等	240㎡ ↓ 330㎡	80%

※1　「貸付事業」とは、「不動産貸付業」、「駐車場業」、「自転車駐車場業」及び事業と称するに至らない不動産の貸付けその他これに類する行為で相当の対価を得て継続的に行う「準事業」をいいます（以下同じです。）。

※2　貸付事業用宅地等の「限度面積」については、以下の算式によって求められます。
　　200㎡ －（A×200㎡÷400㎡ ＋ B×200㎡÷330㎡）＝貸付事業用宅地等限度面積
　　A：「特定事業用宅地等」、「特定同族会社事業用宅地等」の面積の合計（①＋②）
　　B：「特定居住用宅地等」の面積の合計（⑥）

　小規模宅地等の特例は、減額対象となる宅地等が複数ある場合には、どの宅地等からその特例の適用を受けるかは相続人の選択に委ねられています。

　そこで、小規模宅地等の特例を受けることができる宅地等が複数ある場合には、限度面積調整後の1㎡当たりの評価減の金額が最も大きくなる宅地等を選択することが有利になります。

　以下の設例でその選択基準を解説します。

▼設例

　小規模宅地等の特例の適用を受けることができる宅地等が以下のとおり3つあります。この設例は平成27年1月1日以後に相続等をした例です。

	地積	相続税評価額	評価減割合	減額対象限度面積	小規模宅地等の区分
A宅地	200㎡	2,000万円	50%	200㎡	貸付事業用宅地等
B宅地	165㎡	2,970万円	80%	330㎡	特定居住用宅地等
C宅地	160㎡	3,200万円	80%	400㎡	特定事業用等宅地等

　まず、それぞれの宅地等について、1㎡当りの評価減される金額を計算します。この場合、特定事業用等宅地等に該当する宅地の1㎡当りの計算は、(相続税評価額÷地積)×400㎡÷200㎡×80%により、特定居住用宅地等に該当する宅地の1㎡当りの計算は、(相続税評価額÷地積)×330㎡÷200㎡×80%により求めます。

① A宅地　(2,000万円÷200㎡)×50%＝50,000円
② B宅地　(2,970万円÷165㎡)×330㎡÷200㎡×80%＝237,600円
③ C宅地　(3,200万円÷160㎡)×400㎡÷200㎡×80%＝320,000円

　以上の計算結果から、まず1㎡当たり評価減される金額の最も高い特定事業用宅地等（C宅地）160㎡を選択し、次に特定居住用等宅地等（B宅地）165㎡を選択します。

　貸付事業用宅地等（A宅地）については、20㎡（注）について特例選択が可能です。

　この場合の小規模宅地等の特例として減額される金額は以下のとおりです。
(3,200万円×80%)＋(2,970万円×80%)＋(2,000万円×20㎡÷200㎡×50%)
＝5,036万円

　（注）　貸付事業用宅地等の減額対象限度面積は以下のようにして求めます。
　　　　200㎡－(165㎡×200㎡÷330㎡＋160㎡×200㎡÷400㎡)＝20㎡

対象宅地等を選択するものとしています。
改正に伴う限度面積の計算は、以下のようになります。

	対象宅地等の種類と所有面積			対象宅地等の種類別の減額対象限度面積		
	特定居住用宅地等	特定事業用等宅地等	貸付事業用宅地等	特定居住用宅地等	特定事業用等宅地等	貸付事業用宅地等
1	330㎡	400㎡	―	330㎡	400㎡	―
2	400㎡	400㎡	―	330㎡	400㎡	―
3	250㎡	450㎡	―	250㎡	400㎡	―
4	330㎡	―	150㎡	330㎡	―	0㎡
5	―	300㎡	100㎡	―	300㎡	50㎡
6	198㎡	―	100㎡	198㎡	―	80㎡
7	231㎡	300㎡	100㎡	231㎡	300㎡	0㎡
8	200㎡	300㎡	200㎡	―	―	200㎡

※1 ケース8を除いて、特定居住用宅地等又は特定事業用等宅地等から優先して適用。
※2 ケース5では、200㎡－(200㎡×300㎡÷400㎡)＝50㎡、ケース6では、200㎡－(200㎡×198㎡÷330㎡)＝80㎡として計算します。ケース7では、200㎡－(200㎡×231㎡÷330㎡＋200㎡×300㎡÷400㎡)＜0として計算します。

3 実務への影響

(1) 特定居住用宅地等の限度面積の拡充による影響

特定居住用宅地等の限度面積が240㎡から330㎡に拡充されたことにより、下記のような方には改正の恩恵があるものと考えられます。

① 240㎡超の自宅を保有している方で、特定居住用宅地等の要件を満たす親族がこの自宅を承継する場合

【例】自宅敷地(500㎡)…相続税評価額1億円

(*) 自宅の他に特例対象宅地等はないものとします。

(*) この自宅の承継者は、配偶者とします。

項目	改正前	改正後
限度面積	240㎡	330㎡
減額金額	▲3,840万円	▲5,280万円

② 特定居住用宅地等と貸付事業用宅地等を選択する場合

【例】自宅敷地(198㎡)…相続税評価額4,000万円
　　　賃貸マンション敷地(300㎡)…相続税評価額6,000万円

（＊）上記以外に特例対象宅地等はないものとします。

（＊）上記の土地はすべて同居親族の長男が承継し、居住及び貸付事業を継続しているものとします。

【自宅部分】

項目	改正前	改正後
限度面積	240㎡（内198㎡）	330㎡（内198㎡）
減額金額	▲3,200万円	▲3,200万円

【賃貸マンション部分】

項目	改正前	改正後
限度面積	35㎡（＊1）	80㎡（＊2）
減額金額	▲350万円	▲800万円

（＊1） 200㎡－198㎡×200㎡／240㎡＝35㎡

（＊2） 200㎡－198㎡×200㎡／330㎡＝80㎡

(2) 特定事業用等宅地等と特定居住用宅地等の完全併用による影響

【例】被相続人の事業用の敷地（300㎡）…相続税評価額6,000万円

自宅敷地（200㎡）…相続税評価額3,000万円

（＊）上記以外に特例対象宅地等はないものとします。

（＊）上記の土地はすべて同居親族の長男が承継し、居住及び事業を継続しているものとします。

【事業用敷地部分】

項目	改正前	改正後
限度面積	400㎡（内300㎡）	400㎡（内300㎡）
減額金額	▲4,800万円	▲4,800万円

【自宅部分】

項目	改正前	改正後
限度面積	60㎡（＊1）	330㎡（内200㎡）（＊2）
減額金額	▲720万円	▲2,400万円

（＊1） 240㎡ − 300㎡ × 240㎡ ／ 400㎡ = 60㎡
（＊2） 調整計算は行いません。

4　被相続人所有の敷地の上の建物の所有者や利用者別の留意点と事前の対策

　被相続人等の事業用宅地等が、特例対象宅地等に該当するためには、一定の建物又は構築物の敷地の用に供されていたものであることが要件とされています。一定の建物又は構築物は被相続人等の所有に限定されていませんので、被相続人等が宅地等を第三者に貸し付けて、第三者がその敷地の上に建物等を建築して地代を支払っている場合なども該当します。

　そこで、建物の所有者や利用者別に区分して、土地や建物の貸借関係をどのようにすれば、特定事業用等宅地等の適用を受けることができるか、実務上の留意点と事前の対策について解説することとします。

⑴　建物所有者が被相続人である場合

①　建物の利用者が被相続人で被相続人の事業の用に供されているとき

　実務上もっとも多くあるケースで、事業承継要件及び保有継続要件を満たすことで特定事業用宅地等の特例の適用を受けることができます。

②　建物の利用者が生計一親族でその事業の用に供されているとき

　生計一親族がその建物を無償で借りている場合には、特定事業用宅地等の適用を受けることができる可能性があります。（建物が有償（賃貸借）で貸借されている場合には、「貸付事業用宅地等」に該当する可能性があります。）

③　建物の利用者が特定同族会社でその会社の事業の用に供されているとき

　特定同族会社がその建物を有償（賃貸借）で借りている場合には、特定同族会社事業用宅地等の適用を受けることができる可能性があります。（建物が無償で貸借されている場合には、小規模宅地等の特例の適用を受けることはできません。）

⑵　建物所有者が生計一親族の場合

①　建物の利用者が被相続人で被相続人の事業の用に供されているとき

土地及び建物の貸借が使用貸借である場合に限り、特定事業用宅地等の適用を受けることができる可能性があります。
② 建物の利用者が生計一親族で生計一親族の事業の用に供されているとき
土地の貸借が使用貸借である場合に限り、特定事業用宅地等の適用を受けることができる可能性があります。
③ 建物の利用者が特定同族会社でその会社の事業の用に供されているとき
土地は使用貸借で、かつ、建物は有償（賃貸借）で貸借している場合には、特定同族会社事業用宅地等の適用を受けることができる可能性があります。（土地は使用貸借であっても、建物が無償で貸借されている場合には、小規模宅地等の特例の適用を受けることはできません。）

(3) 建物所有者が生計別親族の場合

事業を営んでいる者が、被相続人又は生計一親族である場合で、かつ、土地及び建物の貸借が使用貸借であるときに限り、特定事業用宅地等の適用を受けることができる可能性があります。

(4) 建物所有者が特定同族会社である場合

土地の貸借が有償（賃貸借）である場合に限り、特定同族会社事業用宅地等の適用を受けることができる可能性があります。

(5) 生計別の親族の事業の用に供されている場合の事前の対応策

生前に父の個人事業を子が承継しているケースも多くあり、その場合、父と子が生計を一にしているか否かによって、小規模宅地等の特例適用に大きな差異が生じます。

そこで、設例によって特例適用の有無を判定し、その具体的な事前の対策を解説します。

▼ 設例
1．家族関係　父、長男（父と生計別）、長女
2．父の財産（相続税評価額）
　現預金　　2,000万円

A土地　　12,000万円（自用地・小規模宅地等の特例適用前）
　　A建物　　 1,000万円（A土地の上に存する自用家屋・時価及び簿価と
　　　　　　　　　　　　もに1,000万円）
　　その他　　30,000万円（小規模宅地等の特例の対象となる宅地等はない。）
　　　計　　　45,000万円
3．A土地及びA建物の状況
　　借地権割合　60％
　　地積　400㎡（路線価300千円／㎡）
　A建物は長男が父の営んでいた小売業を生前に承継していて父から無償で借りている。
4．小規模宅地等の特例適用の判定
　長男は父の相続開始前から事業を承継しているので相続開始後に事業を承継するケースに該当しません。また、特定事業用宅地等として小規模宅地等の特例の適用を受けるためには、長男は父と生計を一にしていなければなりませんが、長男は父と生計別であり、家賃の授受もない（貸付事業用宅地等としての小規模宅地等の特例の適用を受けるためには家賃の負担が要件）ことから小規模宅地等の特例適用要件を満たさないことになります。
5．事前対策
　そこで、小規模宅地等の特例の適用を受けるためには、以下の対策が考えられます。
①　長男が父と生計を一にする。⇒　一定の要件を満たすことで特定事業用宅地等の適用を受けることができる可能性があります。
②　長男が父へA建物の家賃を支払う。⇒　一定の要件を満たすことで貸付事業用宅地等の適用を受けることができる可能性があります。
③　長男が営んでいる小売業を法人組織に変更し、長男が役員に就任し、父へA建物の家賃を支払う。⇒　一定の要件を満たすことで特定同族会社事業用宅地等の適用を受けることができる可能性があります。

6．対策別相続税額一覧表（父が平成27年1月以後に死亡したと仮定）

（単位：万円）

	現状	対策① 同一生計へ	対策② 貸家へ	対策③ 法人成り
現預金	2,000	2,000	2,000	2,000
A土地	12,000	（※1）2,400	（※2）7,380	（※4）1,968
A建物	1,000	1,000	（※3）700	700
その他財産	30,000	30,000	30,000	30,000
計	45,000	35,400	40,080	34,688
基礎控除	4,200			
課税遺産総額	40,800	31,200	35,880	30,488
相続税	12,960	9,080	10,952	8,795.2

※1　400㎡×300千円×（1－0.8）＝2,400万円
※2　400㎡×300千円×（1－0.6×0.3）＝9,840万円
　　 9,840万円－9,840万円×200㎡／400㎡×（1－0.5）＝7,380万円
※3　1,000万円×（1－0.3）＝700万円
※4　400㎡×300千円×（1－0.6×0.3）＝9,840万円
　　 9,840万円×400㎡／400㎡×（1－0.8）＝1,968万円

7．対策の解説

＜対策①について＞

　生計一親族の事業の用に供されていて、建物は無償で貸借されていることから特定事業用宅地等の適用を受けることができます。

＜対策②について＞

　不動産貸付業等においては、相当の対価を得て継続的に貸付け等の行為を行うものについては小規模宅地等の特例を受けることができることから、貸付事業用宅地等として200㎡までの部分について50％の減額を受けることができます。

＜対策③について＞

　特定同族会社事業用宅地等の小規模宅地等の特例は、相続開始の直前から相続税の申告期限まで一定の法人の事業（貸付事業を除きます。）の用に供されていた宅地等で、以下の要件の全てに該当する被相続人の親族が相続又は

遺贈により取得したものをいいます。

なお、一定の法人とは、相続開始の直前において被相続人及び被相続人の親族等がその法人の発行済株式（議決権に制限のある株式等を除きます。）の総数又は出資の総額の50％超を有している法人（相続税の申告期限において清算中の法人を除きます。）をいいます。

① 相続税の申告期限においてその法人の役員であること
② その宅地等を相続税の申告期限まで有していること

以上のことから、特定同族会社事業用宅地等の特例の適用を受けるためには、その宅地等を相続又は遺贈により取得した被相続人の親族で、申告期限においてその法人の役員である者に限られ、その宅地等を相続税の申告期限まで有していることが要件とされていますが、被相続人と生計一でなければならないとする要件はありません。

また、不動産貸付けが継続的に行われているかどうかの判断を行う場合の継続性については、単に貸付開始の時から相続開始時までの貸付期間の長短により判断をするものではなく、原則として、その貸付けに係る契約の効力の発生した時の現況において、当該不動産の貸付けが相当期間継続して行われることが予定されているものであるかどうかによって判断します。

事業承継税制の適用要件の緩和

非上場株式等に係る相続税・贈与税の納税猶予制度について、次の見直しを行うこととされました。

① 経営承継相続人等の要件のうち、非上場会社を経営していた被相続人の親族であることとする要件を撤廃する。（措法70の7②三、70の7の2②三、70の7の4②三）
② 贈与税の納税猶予における贈与者の要件のうち、贈与時において認定会

社の役員でないこととする要件について、贈与時において当該会社の代表権を有していないことに改める。（措法70の7①、措令40の8①）

③ 役員である贈与者が、認定会社から給与の支給等を受けた場合であっても、贈与税の納税猶予の取消事由に該当しないこととする。（措法70の7④十七、旧措令40の8㉕五）

④ 納税猶予の取消事由に係る雇用確保要件について、経済産業大臣の認定の有効期間（5年間）における常時使用従業員数の平均が、相続開始時又は贈与時における常時使用従業員数の80％を下回ることとなった場合に緩和する。（措法70の7④二、70の7の2③二、70の7の4③において準用する70の7の2③）

⑤ 民事再生計画の認可決定等があった場合には、その時点における株式等の価額に基づき納税猶予税額を再計算し、当該再計算後の納税猶予税額について、納税猶予を継続する特例を創設する。（措法70の7㉒、70の7の2㉒、70の7の4⑬において準用する70の7の2㉒）

⑥ 納税猶予税額の計算において、被相続人の債務及び葬式費用を相続税の課税価格から控除する場合には、非上場株式等以外の財産の価額から控除することとする。（措法70の7の2②五、70の7の4⑪、措令40の8③、40の8の2⑤、40の8の3②）

⑦ 株券不発行会社について、一定の要件を満たす場合には、株券の発行をしなくても、相続税・贈与税の納税猶予の適用を認めることとする。（措法70の7⑭二、70の7の2⑭二、70の7の4⑬において準用する70の7の2㉒）

⑧ 相続税等の申告書、継続届出書等に係る添付書類のうち、一定のものについては、提出を要しないこととする。（措規23の9㉒㉔、23の10⑳㉒、23の12⑧⑨）

⑨ 雇用確保要件が満たされないために経済産業大臣の認定が取り消された場合において、納税猶予税額を納付しなければならないときは、延納又は

物納の適用を選択することができることとする。（措法70の7⑭九、70の7の2⑭十、70の7の2⑪において準用する70の7の2⑭九・十）

⑩　経済産業大臣の認定の有効期間（５年間）の経過後に納税猶予税額の全部又は一部を納付する場合については、当該期間中の利子税を免除することとする。（措法70の7㉙、70の7の2㉙、70の7の2⑮において準用する70の7の2㉙）

　　※　納税猶予税額の全部又は一部を納付する場合の利子税は、「延滞税等の見直し」により、納税猶予期間中の利子税の割合が年0.9％（特例基準割合が1.9％の場合）に引き下がります。

⑪　経済産業大臣による事前確認制度を廃止する。（旧措規23の9⑧⑪、23の10①②⑧⑨、旧円滑化省令6①七ト、八ト）

⑫　資産保有型会社・資産運用型会社に該当する認定会社等を通じて上場株式等（１銘柄につき、発行済株式等の総数等の100分の３以上）を保有する場合には、納税猶予税額の計算上、当該上場株式等相当額を算入しない。（措令40の8⑤、㉓、40の8の2⑦㉚、40の8の3③⑯において準用する措令40の8の2⑦㉚）

⑬　適用対象となる資産保有型会社・資産運用型会社の要件について、次のとおり所要の見直しを行う。（措令40の8⑤、㉓、40の8の2⑦㉚、40の8の3③⑯において準用する措令40の8の2⑦㉚）

　(イ)　常時使用従業員数が５人以上であることとする要件は、経営承継相続人等と生計を一にする親族以外の従業員数で判定する。

　(ロ)　商品の販売・貸付け等を行っていることとする要件について、経営承継相続人等の同族関係者等に対する貸付けを除外する。

⑭　納税猶予の取消事由である「総収入金額が零となった場合」について、総収入金額の範囲から営業外収益及び特別利益を除外する。

⑮　その他所要の措置を講ずる。

　適用期日　上記の改正は、所要の経過措置を講じた上、平成27年１月１日以後に相続若しくは遺贈又は贈与により取得する財産に係る相続税又は贈与税について適用することとしています。（平25改法附１五ロ、10①）

【非上場株式等の贈与税・相続税の納税猶予制度の改正前後の要件等の一覧表】

改正内容	改正前	改正後	相続税	贈与税
経営承継相続人等の要件	後継者は、先代経営者の親族に限定	先代経営者の親族外承継を対象化	○	○
贈与者の要件	贈与時において役員でないこと	贈与時において代表権を有していないこと	—	○
経営贈与承継期間内に贈与者が役員になって給与を受けた場合	贈与税の納税猶予の取消事由に該当	贈与税の納税猶予の取消事由に該当しない（有給役員として残留可）	—	○
経済産業大臣の認定の有効期間（5年間）における常時使用従業員数	雇用の8割以上を「5年間毎年」維持	雇用の8割以上を「5年間平均」で評価	○	○
民事再生計画の認可決定等があった場合	相続・贈与から5年後以降は、後継者の死亡又は会社倒産により納税免除	その時点における株式等の価額に基づき納税猶予税額を再計算し、その税額の納税猶予を継続する（一部免除）	○	○
被相続人の債務及び葬式費用	特例非上場株式等の価額から控除	特例非上場株式等以外の相続財産から控除	○	—
株券不発行会社	原則として株券を発行し、担保（法務局に供託）に供すること	株券の発行をしなくても、納税猶予の適用を認める	○	○
雇用確保要件が満たされないために認定が取り消された場合	納税猶予税額を全額金銭納付する	納税猶予税額について、延納又は物納の適用を選択することができる	○	（延納のみ）○
経済産業大臣の認定の有効期間（5年間）の経過後に納税猶予税額の全部又は一部を納付する場合	納税猶予期間を含む全期間における利子税を納付しなければならない	納税猶予期間（5年間）中の利子税を免除する	○	○（※）

経済産業大臣による事前確認制度	制度利用の前に、「認定」に加えて「事前確認」を要する	「事前確認」制度を廃止する	○	○
上場株式等（1銘柄につき3％以上）を認定会社である資産保有型会社等が保有する場合	納税猶予税額の計算上、当該上場株式等相当額を含めて計算する	納税猶予税額の計算上、当該上場株式等相当額を含めず計算する	○	○
その1・適用対象となる資産保有型会社等の要件（常時使用従業員数が5人以上とする要件）	経営承継相続人等と生計を一にする親族を含む従業員数で判定	経営承継相続人等と生計を一にする親族以外の従業員数で判定	○	○
その2・適用対象となる資産保有型会社等の要件（3年以上継続して行う商品販売等における「資産の貸付け」の範囲）	制限なし	経営承継相続人等の同族関係者等に対する貸付けを除外	○	○
総収入金額が零となった場合	総収入金額は営業外収益及び特別利益を含めて判定	総収入金額の範囲から営業外収益及び特別利益を除外	○	○

※ 納税税猶予税額の全部又は一部を納付する場合の利子税は、「延滞税等の見直し」により、納税猶予期間中の利子税の割合が年0.9％（特例基準割合が1.9％の場合）に引き下げられる。

【事業承継税制の前提となる認定件数等】

		平成21年度分	平成22年度分	平成23年度分	平成24年度分
相続税	経済産業大臣の認定	153件	133件	63件	64件
	常時雇用従業員数	5,932人	7,039人	2,747人	5,449人
	認定1件当たり	39人	53人	44人	85人
贈与税	経済産業大臣の認定	29件	67件	73件	68件
	常時雇用従業員数	2,149人	3,875人	5,599人	3,389人
	認定1件当たり	74人	58人	77人	50人
経済産業大臣の確認		573件	1,326件	859件	132件※

※ 平成24年6月までの統計

（出典：中小企業庁）

第2節 贈与税の改正（平成25年度税制改正）

1 税率構造の見直し

　贈与税の税率構造が見直され、最高税率が55％に引き上げられることとされています。直系尊属から20歳以上の者に対する贈与については、一般の贈与に比べ、税率が軽減される措置が図られます。

【贈与税の速算表】

改正前 （平成26年12月31日まで）				改正後 （平成27年1月1日～） （一般の贈与）				改正後 （平成27年1月1日～） （20歳以上の直系卑属への贈与）			
基礎控除及び配偶者控除後の課税価格		税率	控除額	基礎控除及び配偶者控除後の課税価格		税率	控除額	基礎控除及び配偶者控除後の課税価格		税率	控除額
万円超	万円以下	％	万円	万円超	万円以下	％	万円	万円超	万円以下	％	万円
	200	10	—		200	10	—		200	10	—
200	300	15	10	200	300	15	10	200	400	15	10
300	400	20	25	300	400	20	25				
400	600	30	65	400	600	30	65	400	600	20	30
600	1,000	40	125	600	1,000	40	125	600	1,000	30	90
1,000		50	225	1,000	1,500	45	175	1,000	1,500	40	190
				1,500	3,000	50	250	1,500	3,000	45	265
				3,000		55	400	3,000	4,500	50	415
								4,500		55	640

適用期日　上記の改正は、平成27年1月1日以後の贈与により取得する財産に係る贈与税について適用することとされています。（平25改法附15ロ、10①）

【贈与税の税率構造の見直しによる増減税の試算】

贈与額	改正前		改正後（一般贈与）		改正後（特例贈与）	
	贈与税額 （単位：千円）	負担割合 （単位：％）	贈与税額 （単位：千円）	負担割合 （単位：％）	贈与税額 （単位：千円）	負担割合 （単位：％）
200万円	90	4.5	90	4.5	90	4.5
300万円	190	6.3	190	6.3	190	6.3
400万円	335	8.3	335	8.3	335	8.3
470万円	**470**	**10.0**	470	10.0	440	9.3
500万円	530	10.6	530	10.6	485	9.7
520万円	580	11.1	580	11.1	**520**	**10.0**
600万円	820	13.6	820	13.6	680	11.3
700万円	1,120	16.0	1,120	16.0	880	12.5
800万円	1,510	18.8	1,510	18.8	1,170	14.6
900万円	1,910	21.2	1,910	21.2	1,470	16.3
1,000万円	2,310	23.1	2,310	23.1	1,770	17.7
1,500万円	4,700	31.3	4,505	30.0	3,660	24.4
2,000万円	7,200	36.0	6,950	34.7	5,855	29.2
3,000万円	12,200	40.6	11,950	39.8	10,355	34.5
4,000万円	17,200	43.0	17,395	43.4	15,300	38.2
5,000万円	22,200	44.4	22,895	45.7	20,495	40.9

　今回の改正による贈与税の税率構造の見直しにより、直系尊属から20歳以上の子や孫への贈与については、相続税の最低税率が10％であることから、相続税の課税が避けられない人の生前贈与による相続税対策では、贈与税の負担割合が10％の520万円を目安に贈与を行うことで、効率良く相続税の軽減を図ることができます。

　特に、孫への贈与は一世代飛ばしの財産移転を図れることと、相続税と異なり相続税額の２割加算の適用を受けないことから活用する機会は多いと思われます。

> **参考**　特例贈与財産と一般贈与財産がある場合の贈与税の計算

　20歳以上の者が直系尊属から贈与を受けた場合には、暦年贈与の贈与税率

が緩和されることとなります。しかし、同一年中に、直系尊属以外の者からも贈与を受けた場合の贈与税の計算は以下のように行うことになると思われます。

▼ 設例

1．受贈者　甲（35歳）
2．贈与者と贈与額　甲の父400万円・甲の叔父200万円
3．贈与税の計算
　①　贈与税の課税価格　（400万円＋200万円）－110万円＝490万円
　②　すべて特例贈与と仮定して贈与税額を求める
　　490万円×20％－30万円＝68万円
　③　すべて一般贈与と仮定して贈与税額を求める
　　490万円×30％－65万円＝82万円
　④　贈与税の計算
　　特例贈与の贈与税　68万円÷600万円×400万円＝453,333円
　　一般贈与の贈与税　82万円÷600万円×200万円＝273,333円
　　　　　　　　　　　　　合計　726,600円（百円未満切捨て）

2　相続時精算課税の見直し

1　概要

　相続時精算課税は、①高齢化の進展に伴い、相続による次世代への資産移転の時期が従来よりも大幅に遅れてきていること、②高齢者の保有する資産の有効活用を通じて経済社会の活性化にも資するといった社会的要請などを踏まえて、将来において相続関係に入る一定の親子間の資産移転について、生前における贈与と相続との間で、資産の移転時期の選択に対する課税の中立性を確保することにより、生前における贈与による資産の移転の円滑化に

資することを目的として、平成15年度税制改正において創設されました。

平成25年度の税制改正において、若年世代への資産の早期移転を一層促進する観点から、相続時精算課税の適用要件について、贈与者及び受贈者を次のように拡充することとしました。

【改正のポイント】

	改正前	改正後
贈与者	65歳以上の親	60歳以上の親又は祖父母
受贈者	20歳以上の子（養子又は代襲相続人を含む）	20歳以上の子又は孫

2　相続時精算課税制度のまとめ

		改正前	改正後
贈与者		65歳以上の親	60歳以上の親又は祖父母
受贈者		20歳以上の子 （養子又は代襲相続人を含む）	20歳以上の子又は孫 （養子又は代襲相続人を含む）
贈与時	贈与制度の選択	贈与者ごと、受贈者ごとに贈与制度の選択をすることができる	贈与者ごと、受贈者ごとに贈与制度の選択をすることができる
	税額計算	（選択した贈与者ごとに贈与された贈与財産の累積価額－特別控除額）×20%	（選択した贈与者ごとに贈与された贈与財産の累積価額－特別控除額）×20%
	税率	一律20%	一律20%
	非課税額	一生涯において2,500万円の特別控除額を限度として複数年にわたり利用できる	一生涯において2,500万円の特別控除額を限度として複数年にわたり利用できる
	申告の要否	特別控除額以下の贈与でも申告必要	特別控除額以下の贈与でも申告必要
	適用手続き	最初の贈与を受けた年の翌年2月1日～3月15日までの間に届出書を提出する	最初の贈与を受けた年の翌年2月1日～3月15日までの間に届出書を提出する
相続時	生前贈与加算の取扱い	すべての受贈者に対する贈与について相続財産に加算される	すべての受贈者に対する贈与について相続財産に加算される
	受贈者が先に死亡した場合	原則として当該相続時精算課税適用者が有していた納税に係る権利又は義務を相続人が承継する	原則として当該相続時精算課税適用者が有していた納税に係る権利又は義務を相続人が承継する

贈与税額控除	控除しきれない贈与税相当額については還付される	控除しきれない贈与税相当額については還付される
情報開示制度	すべての贈与について情報開示の対象となる	すべての贈与について情報開示の対象となる

適用期日 ▶ 上記の改正は、平成27年1月1日以後の贈与により取得する財産に係る贈与税について適用されます。(平25改法附1五ロ、10①)

3　贈与税の申告内容の開示請求

　平成25年度税制改正において、平成27年から20歳以上の孫も相続時精算課税の対象者とする旨の改正が行われます。このような改正が行われた場合、相続税の申告実務において、法定相続人以外の者に対する相続時精算課税が行われていたら、相続税の申告ではその者に対して遺贈があったとして取扱われ、相続税の計算に大きな影響を与えることになります。その意味でも贈与税の申告内容の開示請求は、専門家としての相当注意義務の履行の範囲内と考えます。

　そこで、相続税の申告や更正の請求をしようとする場合に、他の相続人等が被相続人から受けた①相続開始前3年以内の贈与、又は②相続時精算課税適用分の贈与に係る贈与税の課税価格の合計額について開示を請求するようにします。

　この開示請求は、被相続人が死亡した年の3月16日以後に被相続人の死亡時の住所地等を所轄する税務署長に対して請求することとされています。

＜添付書類・部数＞
　①　全部分割の場合：遺産分割協議書の写し
　②　遺言書がある場合：開示請求者及び開示対象者に関する遺言書の写し
　③　上記以外の場合：開示請求者及び開示対象者に係る戸籍の謄(抄)本

　なお、送付による受領を希望する場合は、上記添付書類のほか、開示請求者の住民票の写し及び返信用の封筒に切手を貼ったものを添付しなければなりません。

3 教育資金の一括贈与に係る贈与税の非課税措置の創設

1 概要

受贈者（30歳未満の者に限る。）の教育資金に充てるためにその直系尊属が金銭等を拠出し、金融機関（信託会社（信託銀行を含む。）、銀行及び金融商品取引業者（第一種金融商品取引業を行う者に限る。）をいう。）に信託等をした場合には、信託受益権の価額又は拠出された金銭等の額のうち受贈者1人につき1,500万円（学校等以外の者に支払われる金銭については、500万円を限度とする。）までの金額に相当する部分の価額については、平成25年4月1日から平成27年12月31日までの間に拠出されるものに限り、贈与税を課さないこととされました。（措法70の2の2①）

（注） 教育資金とは、文部科学大臣が定める次の金銭をいいます。（措法70の2の2②一）
① 学校等（学校教育法に規定する「学校」、「専修学校」及び「各種学校」等をいいます。）に支払われる入学金、授業料その他の金銭
② 学校等以外の者に教育に関する役務の提供の対価として支払われる金銭のうち一定のもの

2 申告

受贈者は、本特例の適用を受けようとする旨等を記載した「教育資金非課税申告書」を金融機関を経由し、受贈者の納税地の所轄税務署長に提出しなければならないとされています。

また、受贈者が既に教育資金非課税申告書を提出している場合（教育資金非課税申告書に記載された金額が1,500万円に満たない場合に限る。）において、新たに直系尊属から教育資金の贈与を受けた場合には「追加教育資金非課税申告書」をその金融機関を経由し、受贈者の納税地の所轄税務署長に提出することとされています。

なお、教育資金非課税申告書は、教育資金管理契約に係る預金等の額がゼロとなってその金融機関と終了の合意をした場合を除き、1金融機関しか提出することができません。

3 払出しの確認等

　受贈者は、払い出した金銭を教育資金の支払に充てた場合には、領収書等に記載された支払年月日から１年以内に、それ以外の場合には支払年月日の属する年の翌年３月15日までに金融機関に領収書等を提出しなければなりません。

　なお、払い出した金銭の合計額がその年中に教育資金の支払に充てた領収書等の合計額を下回るときは、払い出した金銭の合計額が教育資金に充てたものとされます。

　金融機関は、提出された書類により払い出された金銭が教育資金に充当されたことを確認し、その確認した金額を記録するとともに、当該書類及び記録を受贈者が30歳に達した日の翌年３月15日後６年を経過する日まで保存しなければならないとされています。

4 終了時

(1) 受贈者が30歳に達した場合

① 調書の提出

　金融機関は、本特例の適用を受けて信託等がされた金銭等の合計金額（以下「非課税拠出額」という。）及び契約期間中に教育資金として払い出した金額（上記３により記録された金額とする。）の合計金額（学校等以外の者に支払われた金銭のうち500万円を超える部分を除く。以下「教育資金支出額」という。）その他の事項を記載した調書（「教育資金管理契約の終了に関する調書」）を受贈者の納税地の所轄税務署長に提出しなければならないとされています。

② 残額の扱い

　非課税拠出額から教育資金支出額を控除した残額については、受贈者が30歳に達した日に贈与があったものとして贈与税を課税することとされています。

(2) 受贈者が死亡した場合

① 調書の提出

　金融機関は、受贈者の死亡を把握した場合には、その旨を記載した(1)の①に掲げる調書を受贈者の納税地の所轄税務署長に提出しなければならないとされています。

② 残額の扱い

　非課税拠出額から教育資金支出額を控除した残額については、贈与税を課さないとされています。

(3) 教育資金管理契約に係る信託財産の価額がゼロとなった場合

　教育資金管理契約に係る預金等の額がゼロとなった場合において受贈者と金融機関との間でこれらの教育資金管理契約を終了させる合意があった日に同契約は終了するものとしています。

教育資金の一括贈与に係る贈与税の非課税措置の概要

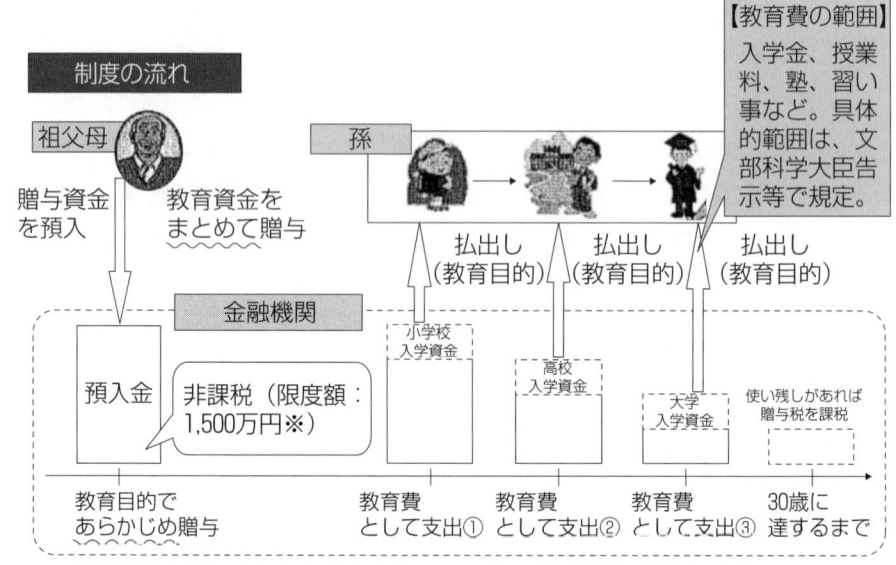

【教育費の範囲】
入学金、授業料、塾、習い事など。具体的範囲は、文部科学大臣告示等で規定。

制度の流れ

祖父母 → 贈与資金を預入 / 教育資金をまとめて贈与

孫 → 払出し（教育目的）／払出し（教育目的）／払出し（教育目的）

金融機関
預入金　非課税（限度額：1,500万円※）

小学校入学資金　高校入学資金　大学入学資金　使い残しがあれば贈与税を課税

教育目的であらかじめ贈与　教育費として支出①　教育費として支出②　教育費として支出③　30歳に達するまで

※　学校以外の者に支払われるものについては、500万円を限度とする。

（財務省資料より）

なお、贈与者が死亡した場合の課税関係については、生前贈与加算の対象財産は非課税財産を除く（相法19）と規定していることから、住宅取得等資金の贈与を受けた場合の贈与税の非課税措置（措法70の２）のように、相続開始前３年以内に被相続人から贈与を受けた財産であっても相続財産への加算及び相続時精算課税の適用者に対する贈与についても相続財産への加算の対象としない旨の規定（措法70の２の３）が設けられるのではないかと思われましたが、教育資金の一括贈与に係る贈与税の非課税措置（措法70の２の２）においては、相続財産への加算の対象としない旨の規定が設けられていません。

　そのため、「相続又は遺贈によって財産を取得した者」に対する教育資金の一括贈与については、生前贈与加算の規定の適用を受けることとなり、相続時精算課税適用者においては、教育資金として一括贈与を受けた財産について相続財産に加算することとなります。

　なお、教育資金の一括贈与に係る贈与税の非課税贈与を受けた者に対して、扶養義務者相互間における通常必要と認められる教育資金の贈与をした場合には、贈与税は非課税とされます。

5　扶養義務者からの生活費・教育費の負担に係る現行の課税関係

　相続税法１条の２で扶養義務者とは、「配偶者及び民法第877条（扶養義務者）に規定する親族をいう」ものと規定されています。民法第877条では、直系血族及び兄弟姉妹は、互いに扶養をする義務があるとしています。

　また、相続税法第21条の３において、扶養義務者相互間において生活費又は教育費に充てるためにした贈与により取得した財産のうち通常必要と認められるものは、贈与税は非課税とされています。

　そうすると、直系血族の場合の「扶養義務者相互間」とは、贈与の当事者が相互に直系血族であればこれに該当し、贈与の当事者である贈与者及び受贈者の組合せを、父母と子を第一順位とし、祖父母と孫を第二順位とするなどの解釈はでてきません。

民法第878条は、扶養義務者が数人いる場合の扶養をすべき者の順序について当事者の協議によるべきとし、これが調わないときは家庭裁判所の審判で定めることにしていますが、贈与税の非課税規定（相法21の３）では、贈与の当事者について扶養義務者相互間と定めるのみで、例えば、直系血族間では親等の近い者が優先するなどの規定はありません。

　そのことから、父の子に対する扶養義務の履行が祖父の孫に対するそれに優先することにはならず、祖父と子の家族とが別生計であっても、祖父が孫に対してした教育資金の贈与もこの非課税規定の対象となります。また、被扶養者（たとえば、子や孫）が相当額の所得や資産を有していても、扶養義務者相互間の生活費や教育資金の贈与については非課税とされます。

　以上のことから、祖父母が孫へ教育資金として贈与した大学等の入学金が多額であっても、「必要な都度直接これらの用に充てるために贈与」すれば贈与税は非課税とされます。金融庁は93万人がこの制度を利用すると予想していますが、一括して教育資金を贈与するケースは、贈与者の余命が短いと予想される場合で、相続税の負担軽減に寄与するときに限られるのではないかと思います。

● 民法の規定と相続税法の規定の比較

	民　法	相続税法
扶養義務者	原則として、配偶者・直系血族・兄弟姉妹 （民法752・877）	配偶者及び民法第877条（扶養義務者）に規定する親族 （相法１の２）
扶養義務者が数人いる場合の扶養すべき者の順序	当事者の協議による。不調のときは家庭裁判所の審判で定める。 （民法878）	扶養義務者相互間とのみ定めている。（直系血族間では親等の近い者が優先するなどの規定はない。） （相法21の３）
教育費に充てるためのもの	―	教育費として必要な都度直接これらの用に充てるためのもの （相基通21の３-５）

● 民法第877条（扶養義務者）
1．直系血族及び兄弟姉妹は、互いに扶養をする義務がある。
2．家庭裁判所は、特別の事情があるときは、前項に規定する場合のほか、三親等内の親族間においても扶養の義務を負わせることができる。
　また、配偶者間では同居・相互扶助すべきこととされていて（民法752）、当然扶養義務があります。
● 相続税法第21条の3（贈与税の非課税財産）
　次に掲げる財産の価額は、贈与税の課税価格に算入しない。
一　法人からの贈与により取得した財産
二　扶養義務者相互間において生活費又は教育費に充てるためにした贈与により取得した財産のうち通常必要と認められるもの
● 相続税法基本通達
〔扶養義務者からの生活費等関係〕
　（「生活費」の意義）
　21の3－3　法第21条の3第1項第2号に規定する「生活費」とは、その者の通常の日常生活を営むのに必要な費用（教育費を除く。）をいい、治療費、養育費その他これらに準ずるもの（保険金又は損害賠償金により補てんされる部分の金額を除く。）を含むものとして取り扱うものとする。

　（「教育費」の意義」）
　21の3－4　法第21条の3第1項第2号に規定する「教育費」とは、被扶養者の教育上通常必要と認められる学資、教材費、文具費等をいい、義務教育費に限らないのであるから留意する。

　（生活費及び教育費の取扱い）
　21の3－5　法第21条の3第1項の規定により生活費又は教育費に充てるためのものとして贈与税の課税価格に算入しない財産は、生活費又は教育費として必要なつど直接これらの用に充てるために

贈与によって取得した財産をいうものとする。したがって、生活費又は教育費の名義で取得した財産を預貯金した場合又は株式の買入れ代金若しくは家屋の買入れ代金に充当したような場合における当該預貯金又は買入れ代金等の金額は、通常必要と認められるもの以外のものとして取り扱うものとする。

（生活費等で通常必要と認められるもの）

21の3－6　法第21条の3第1項第2号に規定する「通常必要と認められるもの」は、被扶養者の需要と扶養者の資力その他一切の事情を勘案して社会通念上適当と認められる範囲の財産をいうものとする。

（生活費等に充てるために財産の名義変更があった場合）

21の3－7　財産の果実だけを生活費又は教育費に充てるために財産の名義変更があったような場合には、その名義変更の時にその利益を受ける者が当該財産を贈与によって取得したものとして取り扱うものとする。

4 障害者の扶養信託契約に係る贈与税の非課税措置の拡充

　現行制度では、特別障害者（1級及び2級の身体障害者、重度の知的障害者と判定された人又は1級の精神障害者）を受益者として、信託会社等と「特別障害者扶養信託契約」を締結した場合には、信託受益権の価格のうち、6,000万円までは贈与税の課税価格に算入されません。

　今般の改正で、障害者の扶養信託契約に係る贈与税の非課税措置について、「特別障害者扶養信託契約」から「特定障害者扶養信託契約」に名称を変更し、次の措置を講ずることとしています。

(1)　適用対象者に、児童相談所、知的障害者更生相談所、精神保健福祉セン

ター又は精神保健指定医の判定により中軽度の知的障害者とされた者及び精神障害者保健福祉手帳に障害等級が2級又は3級である者として記載されている精神障害者を加えることとしました。
(2) 上記(1)の者に係る非課税限度額を3,000万円とされました。
(3) 特定障害者扶養信託契約の終了時期を、特別障害者又は上記(1)の者の死亡の日（現行：特別障害者の死亡後6月を経過する日）とされました。

適用期日 上記の改正は、平成25年4月1日以後にされる特定障害者扶養信託契約に基づく信託について適用することとされ、同日前にされた特別障害者扶養信託契約に基づく信託については、なお従前のとおりとされます。（平25改法附14）

【特定贈与信託受託状況】

(単位：件、人、億円)

年　度　末	件　　数	受　益　者　数	残　　高
平9（1997）	1,553	1,447	366
10（1998）	1,551	1,448	362
11（1999）	1,536	1,435	358
12（2000）	1,491	1,395	350
13（2001）	1,467	1,373	346
14（2002）	1,410	1,325	328
15（2003）	1,366	1,278	313
16（2004）	1,340	1,247	304
17（2005）	1,302	1,213	291
18（2006）	1,238	1,151	281
19（2007）	1,182	1,097	268
20（2008）	1,146	1,059	257
21（2009）	1,088	1,005	244
22（2010）	1,042	963	236
23（2011）	1,017	937	232
24（2012）	988	903	230
25（2013）	1,025	941	239

(出典：一般社団法人信託協会)

信託財産の範囲については、法律により、特定贈与信託に拠出できる財産の対象範囲が次のとおり定められています。①金銭、②有価証券、③金銭債権、④立木及びその立木の生立する土地（立木とともに信託されるものに限ります。）、⑤継続的に相当の対価を得て他人に使用させる不動産、⑥受益者である特定障害者の居住の用に供する不動産（上記①から⑤までの財産のいずれかとともに信託されるものに限ります。）。

　なお、受益者が死亡した場合、その信託受益権は当該障害者の相続財産となります。

第3節　証券税制の改正（平成25年度税制改正）

1　証券税制改正の概要

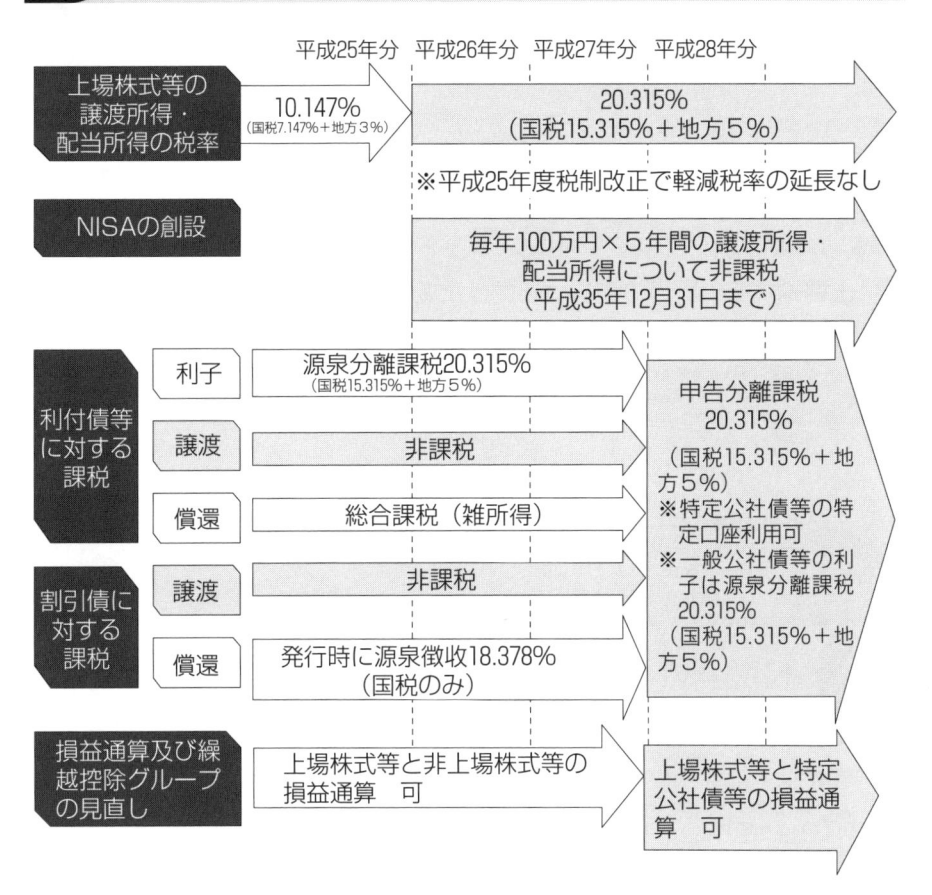

	平成25年分	平成26年分	平成27年分	平成28年分
上場株式等の譲渡所得・配当所得の税率	10.147%（国税7.147%＋地方3%）	20.315%（国税15.315%＋地方5%）		

※平成25年度税制改正で軽減税率の延長なし

NISAの創設

毎年100万円×5年間の譲渡所得・配当所得について非課税（平成35年12月31日まで）

利付債等に対する課税

利子	源泉分離課税20.315%（国税15.315%＋地方5%）	申告分離課税 20.315%（国税15.315%＋地方5%）※特定公社債等の特定口座利用可※一般公社債等の利子は源泉分離課税20.315%（国税15.315%＋地方5%）
譲渡	非課税	
償還	総合課税（雑所得）	

割引債に対する課税

譲渡	非課税
償還	発行時に源泉徴収18.378%（国税のみ）

損益通算及び繰越控除グループの見直し

上場株式等と非上場株式等の損益通算　可 → 上場株式等と特定公社債等の損益通算　可

＊　所得税は、復興特別所得税が平成25年から平成49年までの間、基準所得税額の2.1%上乗せ課税が行われます。

2 上場株式等の配当等及び譲渡所得等に係る10％軽減税率の廃止

1 上場株式等の譲渡をした場合の優遇税率

項 目		売却時期	
		平成25年12月31日まで	平成26年1月1日以降
上場株式等	金融商品取引業者経由等による譲渡	所得税7.147% 住民税3％	所得税15.315% 住民税5％
	相対取引	所得税15.315% 住民税5％	
非上場株式等の株式等			

* NISAの導入に併せて、上場株式等の配当等に対する源泉徴収税率等の特例は、平成25年12月31日をもって廃止となりました。
* NISAの導入に併せて、上場株式等の譲渡をした場合の株式等に係る譲渡所得等の優遇税率の特例は、平成25年12月31日をもって廃止となりました。

2 上場株式等の配当の支払いを受けた場合の源泉徴収税率

項 目	支払いを受ける期間	
	平成25年12月31日まで	平成26年1月1日以降
上場株式等 （大口株主除く）	所得税7.147% 住民税3％	所得税15.315% 住民税5％
上記以外の株式等	所得税20.42%	

3 NISA（少額投資非課税制度）の創設

平成26年1月より、上場株式等の譲渡・配当にかかる軽減税率の廃止に伴い、新たに、英国の個人貯蓄口座（Individual Savings Account）を参考にした制度として、創設されました。

1 NISA制度のまとめ

項目	概要
非課税口座開設可能期間	平成26年1月1日～平成35年12月31日
非課税対象	非課税口座内の少額上場株式等の配当、譲渡益 (非課税口座外の損益との通算不可)
非課税投資限度額	毎年、新規投資額で100万円を上限
非課税投資総額	500万円（100万円×5年）
保有期間（非課税期間）	5年
途中売却	自由 (ただし、売却部分の枠は再利用不可)
口座開設数	原則1人1口座 (同一の金融商品取引業者等に重複して非課税口座を開設することができず、同一の勘定設定期間に重複して非課税適用確認書を提出することができない) 非課税期間の終了時に有している非課税口座内上場株式等を、翌年新たに設定される非課税管理勘定に移管することは可能
開設者	20歳以上の居住者等

2 概要

平成25年度の税制改正において、NISAについて、次の措置が講じられました。

(1) 非課税口座を開設することができる期間が、平成26年1月1日から平成35年12月31日まで（改正前：平成26年1月1日から平成28年12月31日まで）に延長されました。

(2) 非課税の対象となる配当等及び譲渡所得等が、次に掲げるものとされました。

① 非課税口座に非課税管理勘定を設けた日から同日の属する年の1月1日以後5年を経過する日までの期間（以下「非課税期間」という。）内に支払を受けるべき非課税口座内上場株式等の配当等

② 非課税期間内に金融商品取引業者等への売委託等による譲渡をした場合における当該譲渡に係る非課税口座内上場株式等の譲渡所得等

(3) 非課税口座に関する要件について、次の見直しが行われました。
① 非課税口座を開設された金融商品取引業者等は、当該非課税口座を開設した居住者等から提出を受けた非課税適用確認書（改正前：非課税口座開設確認書）に記載された勘定設定期間（非課税口座に新たに非課税管理勘定を設けることができる期間をいう。以下同じ。）内の各年の１月１日（年の中途において非課税適用確認書が提出された場合における当該提出年にあっては、その提出の日）に非課税管理勘定を設けるものとされました。
② 各年分の非課税管理勘定においては、次に掲げる上場株式等で、非課税口座に非課税管理勘定が設けられた日から同日の属する年の12月31日までの間に受け入れた上場株式等の取得対価の額（下記ロの上場株式等については移管日における終値に相当する金額）の合計額が100万円を超えないものを受け入れることができることとされました。
　イ．当該非課税口座を開設された金融商品取引業者等を通じて新たに取得した上場株式等で、取得後直ちにその非課税口座に受け入れられるもの
　ロ．当該非課税口座に係る他の年分の非課税管理勘定から一定の手続の下で移管がされる上場株式等
　（注）上記ロにより、非課税期間が終了する日（12月31日）に有している非課税口座内上場株式等については、同日の属する年の翌年１月１日に新たに設定される非課税管理勘定に移管することが可能となりました。
③ 非課税適用確認書は、居住者等からの申請に基づき税務署長から交付を受けた書類で、勘定設定期間として次に掲げる期間のいずれかの期間、当該期間の区分に応じそれぞれ次に定める基準日における国内の住所その他の事項が記載された書類をいうものとされました。

	勘定設定期間	基準日
(イ)	平成26年1月1日から平成29年12月31日まで	平成25年1月1日
(ロ)	平成30年1月1日から平成33年12月31日まで	平成29年1月1日
(ハ)	平成34年1月1日から平成35年12月31日まで	平成33年1月1日

④　非課税適用確認書の交付を受けようとする居住者等は、交付申請書に上記③の基準日における住所地を証する住民票の写し等を添付して、勘定設定期間の開始の日の属する年の前年10月1日から当該勘定設定期間の終了の日の属する年の9月30日までの間に、金融商品取引業者等の営業所に提出するものとされました。

⑤　居住者等は、同一の金融商品取引業者等に重複して非課税口座を開設することができないものとし、同一の勘定設定期間に重複して非課税適用確認書を提出することができないものとされました。

(4)　上場株式等の配当等及び譲渡所得等に係る10.147％軽減税率（所得税7.147％、住民税3％）は、平成25年12月31日をもって廃止されました。

(5)　その他所要の措置が講じられました。

[NISA口座の仕組み]

	平成26年	平成27年	平成28年	平成29年	平成30年	平成31年	平成32年	平成33年	平成34年	平成35年	平成36年	平成37年	平成38年	平成39年
平成26年	投資100万円	譲渡益・配当の非課税期間				→特定口座へ移管								
平成27年		投資100万円												
平成28年			投資100万円											
平成29年				投資100万円										
平成30年					投資100万円									
平成31年						投資100万円								
平成32年							投資100万円							
平成33年								投資100万円						
平成34年									投資100万円					
平成35年										投資100万円				

非課税口座開設 → 購入

※ 非課税期間が終了した場合は、新たな年分の非課税口座へ移管するか、特定口座へ移管して保有することができます。特定口座へ移管する場合は非課税期間終了時の価格が取得費とされます。

4 株式等に係る譲渡所得等の分離課税制度の変更

1 改正の概要

　株式等に係る譲渡所得等の分離課税について、上場株式等に係る譲渡所得等と非上場株式等に係る譲渡所得等を別々の分離課税制度とした上で、①特定公社債等及び上場株式等に係る譲渡所得等の分離課税と、②一般公社債等及び非上場株式等に係る譲渡所得等の分離課税に改組することとなりました。

適用期日 この改正は、平成28年1月1日以後の譲渡等から適用されることとされています。(措法37の11)

　今般の改正により、特定公社債等に係る利子所得及び譲渡所得等については、上場株式等の譲渡損失及び配当所得との損益通算が可能となります。また、特定公社債等の譲渡損失について翌年以降3年間の繰越控除を可能とします。

　反面、上場株式等の譲渡損失又は譲渡所得と非上場株式等の譲渡所得又は譲渡損失とは損益通算することができなくなります。

　なお、損益通算及び繰越控除に係る確定申告書の提出がなかった場合等の宥恕措置が廃止されることとなりました。

種類	取引内容	現行	改正後
特定公社債等	利子	源泉分離課税	申告分離課税（※1） （所得税15.315％＋住民税5％）
	譲渡	非課税	
	償還又は一部解約	総合課税 （雑所得）	
一般公社債等	利子	源泉分離課税	申告分離課税（※2） （所得税15.315％＋住民税5％）
	譲渡	非課税	
	償還又は一部解約	総合課税 （雑所得）	

※1　特定公社債等の利子等で源泉徴収がされるべきもので支払調書の提出等がされないものは、申告分離の対象外とする。
※2　同族会社が発行した社債でその同族会社の役員等が支払を受けるものは、総合課税の対象とする。

特定公社債等	一般公社債等
◆特定公社債 ・国債、地方債、外国国債、外国地方債 ・会社以外の法人が特別の法律により発行する社債 ・公募公社債、上場公社債 ・平成27年12月31日以前に発行された公社債（発行時に源泉徴収がされた割引債及び同族法人の発行したものを除く。）　など ◆公募公社債投資信託の受益権 ◆証券投資信託以外の公募投資信託の受益権 ◆特定目的信託の社債的受益権で公募のもの	◆特定公社債以外の公社債 ◆私募公社債投資信託等の受益権 ◆証券投資信託以外の私募投資信託の受益権 ◆特定目的信託の社債的受益権で私募のもの ◆平成27年12月31日以前に発行された公社債のうち、同族法人等の発行したもの （平成26年税制改正大綱より）

2 現行と改正後の損益通算及び繰越控除の可否判定

現行と改正後の損益通算及び繰越控除の可否判定は以下の表のとおりです。

【損益通算及び繰越控除の可否】

	改正前		改正後		
	損益通算	繰越控除	損益通算		繰越控除
			上場株式等	非上場株式等	
上場株式等の譲渡所得等	○	○	○	—	○
上場株式等の配当所得（申告分離課税を選択したもの）	○	○	○	—	○
非上場株式等の譲渡所得等	○	—	—	○	—
特定公社債等の利子所得等	—	—	○	—	○
特定公社債等の譲渡所得等	—	—	○	—	○
一般公社債等の利子所得等	—	—	—	○	—
一般公社債等の譲渡所得等	—	—	—	○	—

5 割引債の課税方式等の変更

　平成28年1月1日以後に行う割引債の償還及び譲渡による所得については、公社債の譲渡所得等として20.315％（所得税15.315％、住民税5％）の税率による申告分離課税の対象とします。

　ただし、平成27年12月31日以前に発行された割引債でその償還差益が発行時に源泉徴収の対象とされたものについては、平成28年1月1日以後に償還される割引債でも償還差益に係る課税方式（18.378％源泉分離課税）を維持し、譲渡による所得は非課税とします。（平25改法附1六ハ、56①）

種類	取引内容	改正前	改正後（平成28年1月1日以後に発行されたもの）			
			課税方式	源泉徴収（支払時）		
				一般口座	特定口座（源泉徴収あり）	特定口座（源泉徴収なし）
割引債	譲渡	非課税	申告分離課税 所得税15.315％ 住民税5％	源泉徴収（※1） 所得税15.315％ 住民税5％	源泉徴収（※2） 所得税15.315％ 住民税5％	源泉徴収なし ↓ 確定申告
	償還	発行時に所得税18％を源泉徴収				

※1　償還金額×みなし割引率×税率
　　＊みなし割引率：①発行日から償還日までの期間が1年以内のもの…0.2％
　　　　　　　　　②発行日から償還日までの期間が1年超のもの…25％
※2　償還差益×税率
　　＊申告不要可

【対象となる割引債】
◆割引の方法により発行された公社債
◆ストリップ債（公社債で元本に係る部分と利子に係る部分とを分離してそれぞれ独立して取引されるもの）
◆ディスカウント債（その利子の利率が著しく低い公社債）

第1章 平成25・26年度税制改正の概要

第4節　平成26年度税制改正の概要

1　同族法人等が発行する公社債等の利子の課税方式の改正

　平成25年度改正において、平成28年1月1日以降の金融所得の一体化を進める観点から、公社債等の課税の仕組みの改正が行われましたが、その中で、特定公社債に含まれ申告分離課税の対象とされていた「平成27年12月31日以前に発行された公社債」の範囲から、「同族会社が発行した社債」を除外することになります。（措法37の11②十四）

適用期日　この規定は、平成28年1月1日以降から適用になります。（平26改法附1五ロ）

特定公社債等	一般公社債等
◆特定公社債 ・国債、地方債、外国国債、外国地方債 ・会社以外の法人が特別の法律により発行する社債 ・公募公社債、上場公社債 ・平成27年12月31日以前に発行された公社債（発行時に源泉徴収がされた割引債及び同族法人の発行したものを除く。）　など ◆公募公社債投資信託の受益権 ◆証券投資信託以外の公募投資信託の受益権 ◆特定目的信託の社債的受益権で公募のもの	◆特定公社債以外の公社債 ◆私募公社債投資信託等の受益権 ◆証券投資信託以外の私募投資信託の受益権 ◆特定目的信託の社債的受益権で私募のもの ◆平成27年12月31日以前に発行された公社債のうち、同族法人等の発行したもの

　このように、既発の公社債についても、同族法人等が発行した公社債等は、「特定公社債等」から「一般公社債等」に区分されることになるため、平成28

年以降受け取る同族法人等が発行した公社債の利子で、その同族法人等の株主等が受け取るものは、その発行時期にかかわらず、「総合課税」となります。

【同族法人等が発行した公社債の利子をその株主等が受け取る場合の課税】

発行時期	平成25年度改正	平成26年度改正
平成27年12月31日までに発行	源泉分離課税 20.315％	申告分離課税
平成28年1月1日以降に発行	申告分離課税	申告分離課税

2 NISAについて

平成26年1月から導入されるNISA（少額投資非課税制度）について、利便性の向上のため、下記の点が見直されることになりました。

(1) 1年単位でNISA口座を開設する金融機関の変更が認められることになりました。
(2) NISA口座を廃止した場合、翌年以降にNISA口座を再開設することが認められることになりました。
　この規定は、平成27年1月1日以降から適用になります。

1　NISA口座を開設する金融機関の変更

【改正前】

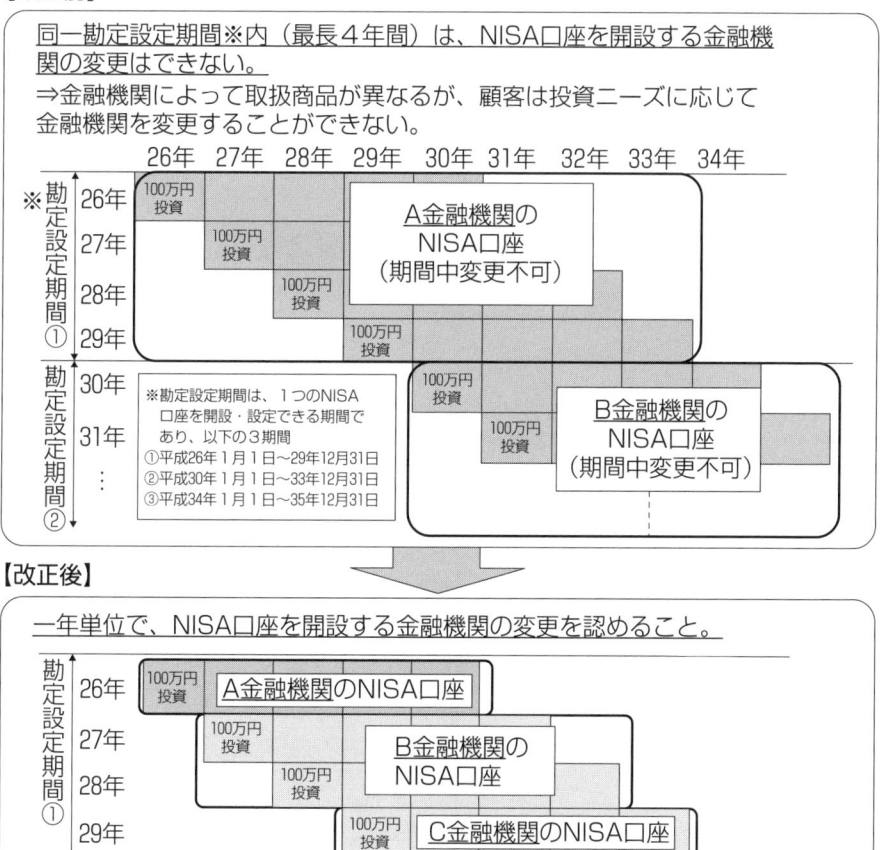

同一勘定設定期間※内（最長4年間）は、NISA口座を開設する金融機関の変更はできない。
⇒金融機関によって取扱商品が異なるが、顧客は投資ニーズに応じて金融機関を変更することができない。

```
           26年 27年 28年 29年 30年 31年 32年 33年 34年
勘定設定    26年 100万円投資
期間①      27年      100万円投資
           28年           100万円投資      A金融機関の
           29年                100万円投資  NISA口座
                                           （期間中変更不可）

勘定設定    30年  ※勘定設定期間は、1つのNISA    100万円投資
期間②      31年  口座を開設・設定できる期間で             B金融機関の
           …    あり、以下の3期間                100万円投資  NISA口座
                 ①平成26年1月1日～29年12月31日              （期間中変更不可）
                 ②平成30年1月1日～33年12月31日
                 ③平成34年1月1日～35年12月31日
```

【改正後】

一年単位で、NISA口座を開設する金融機関の変更を認めること。

```
勘定設定    26年 100万円投資  A金融機関のNISA口座
期間①      27年      100万円投資
           28年           100万円投資  B金融機関のNISA口座
           29年                100万円投資  C金融機関のNISA口座
```

2 NISA口座廃止後の再開設

【改正前】

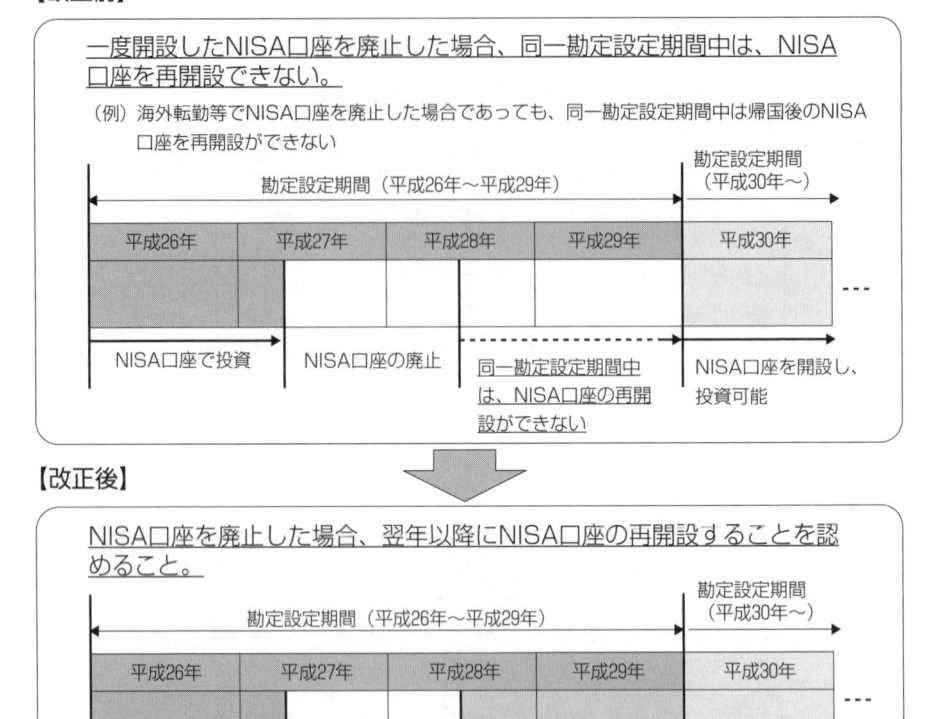

<u>一度開設したNISA口座を廃止した場合、同一勘定設定期間中は、NISA口座を再開設できない。</u>

（例）海外転勤等でNISA口座を廃止した場合であっても、同一勘定設定期間中は帰国後のNISA口座を再開設ができない

勘定設定期間（平成26年～平成29年）	勘定設定期間（平成30年～）
平成26年 ｜ 平成27年 ｜ 平成28年 ｜ 平成29年	平成30年
NISA口座で投資 ｜ NISA口座の廃止 ｜ 同一勘定設定期間中は、NISA口座の再開設ができない	NISA口座を開設し、投資可能

【改正後】

<u>NISA口座を廃止した場合、翌年以降にNISA口座の再開設することを認めること。</u>

勘定設定期間（平成26年～平成29年）	勘定設定期間（平成30年～）
平成26年 ｜ 平成27年 ｜ 平成28年 ｜ 平成29年	平成30年
NISA口座で投資 ｜ NISA口座の廃止 ｜ NISA口座の再開設を可能に	NISA口座を開設し、投資可能

（金融庁「平成26年税制改正について」より）

3 その他証券税制の見直し

1 割引債の差益金額に係る源泉徴収等の特例

(1) 対象となる割引債の範囲について、利子が支払われる公社債でその利率

が著しく低いものに代えて、利子が支払われる公社債でその発行価額が額面金額の90％以下であるものが加えられました。（措法41の12の２）
(2) マンションの建替えの円滑化等に関する法律の改正を前提に、支払を受ける割引債の償還金について所得税の納税義務者となる内国法人の範囲に、マンション敷地売却組合が加えられました。

> **適用期日** 上記(1)又は(2)の改正は、平成28年１月１日以後に支払われる割引債の償還金について適用します。（平26改法附１五、76）

2 特定口座へ移管できる範囲の追加

特定口座内保管上場株式等の譲渡等に係る所得計算等の特例等について、特定口座に受け入れることができる上場株式等の範囲に、上場株式等を発行した法人等を委託者とする金銭の信託契約であって、その信託契約に係る信託の受託者は、当該上場株式等の取得をするとともに、当該委託者の従業員等に勤続年数その他の事由を勘案して定められた基準に応じて当該上場株式等の交付を行うことを定める規則に従い当該上場株式等の交付を行うこととされているもの（いわゆる「ＥＳＯＰ信託」）に基づき、当該受託者を通じて当該委託者の従業員等が取得した上場株式等が加えられました。

> **適用期日** 上記の改正は、平成26年４月１日以後に株式付与信託契約に基づき取得する上場株式等について適用します。（平26改法附９）

3 税制非適格ストップオプションに対する課税

発行法人から与えられた新株予約権等でその権利行使時に経済的な利益に対して課税されるもの（税制非適格ストックオプション）を、権利行使前にその新株予約権等の発行者に譲渡した場合には、当該譲渡の対価の額を、事業所得に係る総収入金額、給与等の収入金額、退職手当等の収入金額、一時所得に係る総収入金額又は雑所得に係る総収入金額とみなして課税することとされました。

> **適用期日** 上記の改正は、平成26年４月１日以後に行う新株予約権等の譲渡について適用します。（平26改法附５）

4 相続財産にかかる譲渡所得の課税の特例（相続税額の取得費加算特例）の見直し

　相続財産である土地等を譲渡した場合の特例について、当該土地等を譲渡した場合に譲渡所得の金額の計算上、取得費に加算する金額を、その者が相続した全ての土地等に対応する相続税額から、その譲渡した土地等に対する相続税相当額に見直されることになりました。（措法39）

適用期日　この規定は、平成27年1月1日以後に開始する相続又は遺贈により取得した資産を譲渡する場合から適用になります。なお、上記の取扱いは、個人が平成27年1月1日以後に開始する相続又は遺贈（贈与をした者の死亡により効力を生ずる贈与を含む。）による新租税特別措置法第39条第1項に規定する財産の取得をする場合における同項に規定する資産の譲渡について適用し、個人が同日前に開始した相続又は遺贈による旧租税特別措置法第39条第1項に規定する財産の取得をした場合における同項に規定する資産の譲渡については、なお、従前の例によります。（平26改法附63）

1　特例の概要

　相続又は遺贈により取得した資産を相続の開始があったことを知った日の翌日から相続税の申告書の提出期限の翌日以後3年以内に譲渡した場合は、その譲渡した資産の取得費については、通常の取得費に次の(1)又は(2)の区分に応じ、それぞれに定める相続税相当額を加算することができます。

<改正前>

(1)　譲渡した資産が土地等である場合（今回の改正により廃止に）

$$資産を譲渡した者の確定相続税額 \times \frac{資産を譲渡した者が相続又は遺贈により取得した土地等に係る課税価格の合計額（*）}{資産を譲渡した者の相続税の課税価格（債務控除前）} - 既に取得費に加算した金額$$

＊　相続税の物納及び物納申請中の土地等に係るものを除く

(2) 譲渡した資産が上記(1)以外の資産である場合（改正後はこの算式により計算）

$$\boxed{\begin{array}{c}\text{資産を譲渡した者}\\\text{の確定相続税額}\end{array}} \times \frac{\text{譲渡した資産に係る課税価格}}{\text{資産を譲渡した者の相続税の課税価格（債務控除前）}}$$

　今回の改正は、土地等についても(2)の算式により計算することとなります。具体的には、現行制度上、(1)の計算式の分子は「資産を譲渡した者が相続又は遺贈により取得した土地等に係る課税価格の合計額」とされており、譲渡した土地等に限らず譲渡者が相続した全ての土地等が含まれるのに対し、改正後では、上記(2)（土地等以外の資産の場合）の計算式と同様に、分子は「譲渡した土地等に係る課税価格」となります。

2　所得税の確定申告後に確定する相続税額の取扱い

　この特例の対象となる相続税は、譲渡の日の属する年分の所得税の納税義務の確定の日までに確定した相続税とされており、所得税の納税義務確定の日は暦年終了の日（国通法15②一）とされています。原則どおりに考えると、相続した資産を譲渡した日の属する年の年末までに相続税額が確定しない場合、この特例の適用を受けることができないことになります。そこで通達において、所得税の確定申告期限までに相続税の申告書を提出し相続税額が確定した場合は、その確定した相続税を基にこの特例の適用を受けることができるように規定されています（措通39－1）。

　また、その相続財産の譲渡に係る確定申告期限後に相続税の期限内申告書を提出して相続税額が確定した場合は、法令上はそもそも適用ができないことになるため国税通則法の更正の請求の対象にならず、かつこの特例に更正の請求の特例が設けられていないことから、更正の請求はできないことになります。しかしながら、一定の書類を提出しこの特例の適用を受けたい旨の申出をすることで、所得税の減額更正を受けることができる取扱いが通達に規定されていました（措通39－15）。

今回の改正で、更正の請求の特則規定が設けられ、従前の申出という形ではなく更正の請求という手続きを経て減額更正を求めることになりました。具体的には、相続財産の譲渡に係る確定申告書の提出期限後に相続税額が確定した場合（相続税の期限内申告に限る）には、相続税の期限内申告書の提出の日の翌日から2月以内に限り、更正の請求によりこの規定の適用を受けることができることになりました。

3　従前の取扱いの法令化

通達等	内容
（措法39①）	適用対象者の範囲に、非上場株式等についての贈与税の納税猶予の適用を受けていた個人で、その非上場株式等の贈与者の死亡によってその非上場株式等を相続により取得した者とみなされるものが加えられます。
措通39－7 （措法39⑥）	加算の対象となる相続税額は、次の区分に応じ、農地等の納税猶予を適用して計算した相続税額になります。 ①農業相続人以外の場合 　農業投資価格をベースに計算した相続税額 ②農業相続人の場合 　次に掲げる金額の合計額 　イ）　時価ベースの相続税額－農業投資価格ベースの相続税額＝納税猶予額 　ロ）農業投資価格をベースに計算した相続税額
措通39－17 （措法39④）	措令25の16③において、この特例の計算の基礎となる相続税額について更正による異動が生じた場合、更正後の相続税額を基礎として計算するものとされていますが、修正申告による移動が生じた場合については措置令に定めがありませんでした。更正による異動と修正申告による異動を区別して取り扱う理由がなかったことから、修正申告による移動の取扱いが通達でカバーされていました。
措通39－3 （措法39⑦、措法33の3）	この特例は、相続又は遺贈により取得した財産そのものを譲渡した場合に適用があるので、相続財産を原資に取得した資産を譲渡してもこの特例の適用を受けることはできません。しかしながら、相続財産である土地等に係る換地処分により取得した土地等については、通達において、相続財産として取扱い、この特例の適用を受けることができることを明示していました。

措通39－2 (措法39①)	対象となる相続財産の譲渡には、譲渡所得の基因となる不動産の貸付けを含むとされています。 　なお、上記の取扱いは、個人が平成27年1月1日から平成28年12月31日までの間において、土地等が土地収用法等の規定に基づいて使用され、補償金を取得する場合における建物又は構築物の所有を目的として土地を長期間使用させる行為で譲渡所得の基因となる不動産等の貸し付けに該当するときに適用し、個人が平成29年1月1日以後は、単に、建物又は構築物の所有を目的として土地を長期間使用させる行為で譲渡所得の基因となる不動産等の貸し付けに該当するときに適用します。(改措法附63、措法31①、33③一)

5　医業継続に係る相続税・贈与税の納税猶予等の創設

　個人（相続人）が持分の定めのある医療法人の持分を相続又は遺贈により取得した場合、その法人が新たに法定される移行計画の認定を受けた医療法人であるときは、移行計画の期間満了まで相続税の納税を猶予し、持分を放棄した場合には、猶予税額を免除されます。

　また、出資者が持分を放棄したことにより他の出資者の持分が増加することで、贈与を受けたものとみなして当該他の出資者に贈与税が課される場合についても同様の取り扱いとされることになります（移行計画の認定制度の施行の日以後の相続等に適用。認定は制度の施行の日から3年以内に厚生労働大臣が行います。）。なお、この制度は、あくまでも、「持分の定めのある医療法人」から「持分の定めのない医療法人」への移行期間中に相続が発生した場合の手当で、生前中に行われる移行については利用することはありません。

1 相続税の納税猶予及び免除について

(1) 概要

| 相続人が持分の定めのある医療法人の持分を相続又は遺贈により取得 | かつ | その医療法人が相続税の申告期限において<u>認定医療法人</u>に該当 |

　　　　　　　　　　　　↓ 担保の提供を条件に

相続人が納付すべき相続税額のうち、
・その<u>認定医療法人</u>の持分に係る課税価格に対応する相続税額については、移行計画の期間満了までその納税を猶予
・移行期間内に当該相続人が持分の全てを放棄した場合には、猶予税額を免除

※ 認定医療法人…良質な医療を提供する体制の確立を図るための医療法等の一部を改正する法律に規定される移行計画について、認定制度の施行の日から3年以内に厚生労働大臣の認定を受けた医療法人をいいます。

(2) 税額の計算

① 通常の相続税額の計算を行い、持分を取得した相続人の相続税額を算出します。

② 持分を取得した相続人以外の者の取得財産は不変とした上で、当該相続人が持分のみを相続したものとして相続税額の計算を行い、当該相続人の相続税額を算出し、その金額を猶予税額とします。

③ 上記①の相続税額から上記②の猶予税額を控除した金額を、持分を取得した相続人の納付税額とします。

(3) 猶予税額の納付

　移行期間内に持分の定めのない医療法人に移行しなかった場合又は認定の取消し、持分の払戻し等の事由が生じた場合には、猶予税額を納付することになります。

　また、基金拠出型医療法人※に移行した場合には、持分のうち基金として拠出した部分に対応する猶予税額についても同様とします。

※ 基金拠出型医療法人……平成19年4月より新しく設立される社団医療法人は、非営利性の徹底に伴な

い、出資の『持分の定めのない医療法人』しか設立できなくなりました。この持分の定めのない社団医療法人は、選択により『基金』制度を採用することができるようになりました。

　この基金制度を採用している医療法人が、『基金拠出型』と呼ばれる法人です。

　『基金』とは、医療法人に拠出された金銭その他の財産であって、医療法人が拠出者に対して、定款に定めるところに従い拠出した金額を限度として返還義務を負うものをいいます。なお、基金の返還には、利息を付けることができません。

　基金制度の採用の有無は法人の選択ですので、平成19年４月１日以降は、持分の定めのない社団医療法人は「一般の持分の定めのない社団法人（基金なし）」と「基金拠出型社団法人」の２種類に区分されたことになります。

　なお、基金制度を採用する場合には、拠出者の権利に関する規定や基金の返還手続きを『定款』に定めなければならないなどの一定の要件があります。

(4)　利子税の納付

　上記(3)により猶予税額の全部又は一部を納付する場合には、相続税の申告期限からの期間に係る利子税を併せて納付しなければなりません。

(5)　税額控除

　相続の開始の時において認定医療法人であり、かつ、持分を取得した相続人が、相続の開始から相続税の申告期限までの間に持分の全てを放棄した場合には、納税猶予は適用せず、上記(2)より算出される猶予税額に相当する金額（基金として拠出した部分に対応する金額を除く。）を相続人の納付すべき相続税額から控除します。

2 贈与税の納税猶予及び免除について

(1) 概要

| 持分の定めのある医療法人の出資者が持分を放棄したことにより他の出資者の持分の価額が増加することについて、その増加額（経済的利益）に相当する額の贈与を受けたものとみなして当該他の出資者に贈与税課税される場合 | かつ | その医療法人が認定医療法人に該当 |

⬇

贈与税の期限内申告書と贈与税の申告書に納税猶予を受けようとする記載があり、かつ、担保の提供を条件に

当該他の出資者が納付すべき贈与税額のうち、当該経済的利益に係る課税価格に対応する贈与税額については、
・移行計画の期間満了までその納税を猶予
・移行期間内に当該他の出資者が持分の全てを放棄した場合には、猶予税額を免除

(2) 税額の計算

① 上記(1)の経済的利益及びそれ以外の受贈財産について通常の贈与税額を算出します。

② 上記(1)の経済的利益のみについて贈与税額を算出し、その金額を猶予税額とします。

③ 上記①の贈与税額から②の猶予税額を控除した金額が納付税額となります。

(3) 「猶予税額の納付」、「利子税の納付」及び「税額控除」（措法70の7の6）については、1の相続税と同様の取り扱いとなります。

適用期日 上記1及び2の改正は、移行計画の認定制度の施行の日以後の相続若しくは遺贈又はみなし贈与に係る相続税又は贈与税について適用されます。（平26改法附128）

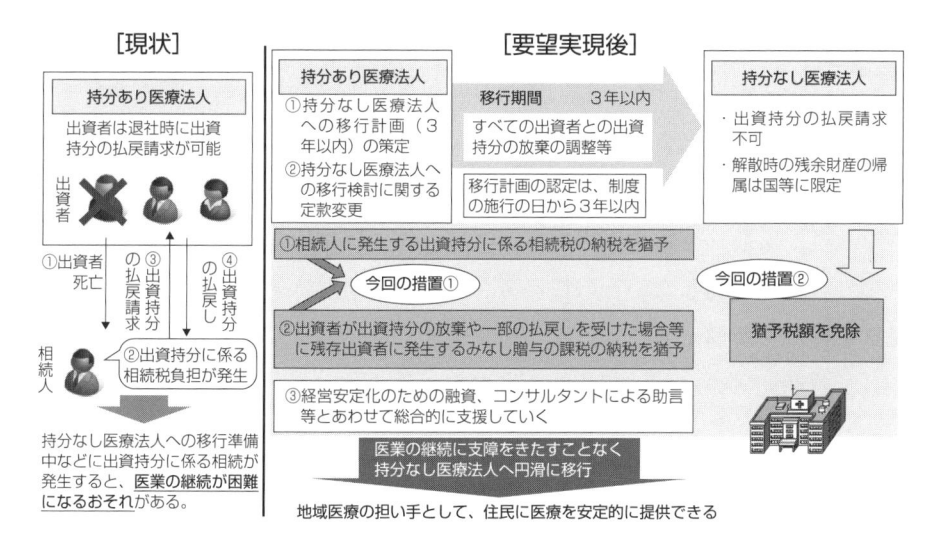

第1章 平成25・26年度税制改正の概要

[現状]

持分あり医療法人
出資者は退社時に出資持分の払戻請求が可能

①出資者死亡
②出資持分に係る相続税負担が発生
③出資持分の払戻請求
④出資持分の払戻し

持分なし医療法人への移行準備中などに出資持分に係る相続が発生すると、**医業の継続が困難になるおそれがある。**

持分あり医療法人
① 持分なし医療法人への移行計画（3年以内）の策定
② 持分なし医療法人への移行検討に関する定款変更

①相続人に発生する出資持分に係る相続税の納税を猶予
→ 今回の措置①
②出資者が出資持分の放棄や一部の払戻しを受けた場合等に残存出資者に発生するみなし贈与の課税の納税を猶予
③経営安定化のための融資、コンサルタントによる助言等とあわせて総合的に支援していく

医業の継続に支障をきたすことなく持分なし医療法人へ円滑に移行

地域医療の担い手として、住民に医療を安定的に提供できる

[要望実現後]

移行期間　3年以内
すべての出資者との出資持分の放棄の調整等

移行計画の認定は、制度の施行の日から3年以内

今回の措置② → 猶予税額を免除

持分なし医療法人
・出資持分の払戻請求不可
・解散時の残余財産の帰属は国等に限定

（出典：平成25年12月厚生労働省「平成26年度税制改正の概要（厚生労働省関係の主な事項）」）

6 特例農地等を収用等のために譲渡した場合の農地等の納税猶予の取扱い

農地等の納税猶予の適用を受けている特例農地等が収用等により譲渡した場合の取扱いについて、以下の見直しが行われることになりました。（措法70の4、70の6、70の8）

(1) 農地等の納税猶予に係る利子税の特例につき、収用等により譲渡した場合の利子税は、現行の1/2から利子税の全額が免除されることになりました。
(2) 特例適用農地を譲渡し、代替農地等を取得した場合の買換特例について、収用等による譲渡につき代替資産の範囲が拡充されることになりました。

　この規定は、平成26年4月1日以後の収用等のための譲渡について適用されます。

1　概要

　農業経営者が農地等を生前一括贈与した場合又は農地等を有する農業経営者に相続が生じた場合、その農地等に係る贈与税又は相続税の納税を猶予する制度が、贈与税又は相続税に係る農地等の納税猶予制度です。贈与又は相続で承継する農地等の所在場所によって、納税猶予の対象になる農地等に該当するものと該当しないものに区分されます。また、所在場所によって、納税猶予される期間が異なります。所在場所別の納税猶予の適用の可否及び猶予される期間について図式化したものが以下のとおりとなります。

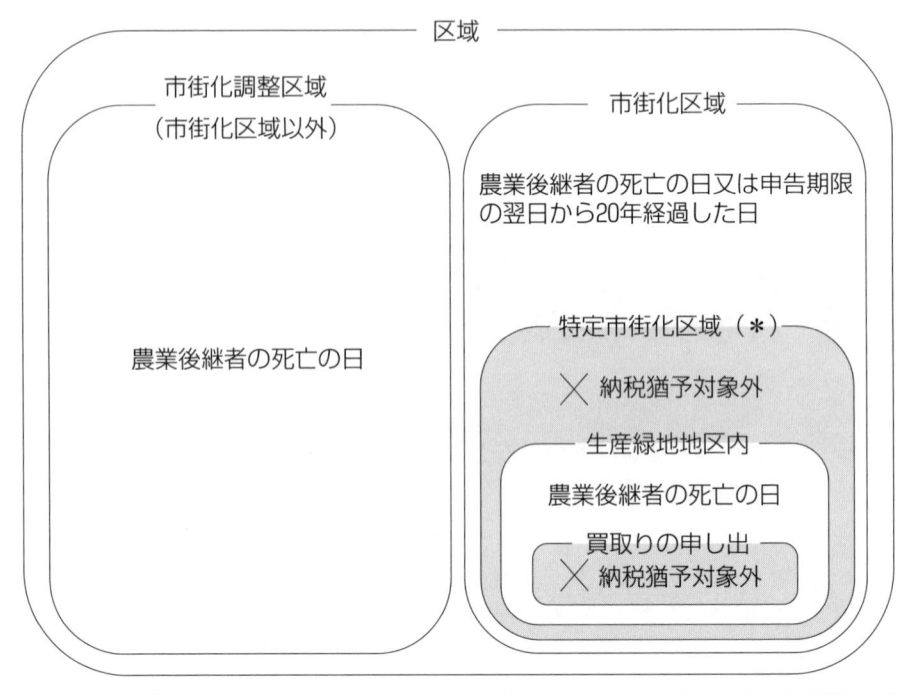

```
┌──────────────── 区域 ────────────────┐
│ ┌─ 市街化調整区域 ─┐  ┌─── 市街化区域 ───────┐ │
│ │  （市街化区域以外）│  │                          │ │
│ │                  │  │ 農業後継者の死亡の日又は申告期限 │ │
│ │                  │  │ の翌日から20年経過した日       │ │
│ │                  │  │                          │ │
│ │                  │  │ ┌─ 特定市街化区域（*）─┐   │ │
│ │  農業後継者の死亡の日 │  │ │  × 納税猶予対象外    │   │ │
│ │                  │  │ │ ┌─ 生産緑地地区内 ──┐ │   │ │
│ │                  │  │ │ │ 農業後継者の死亡の日│ │   │ │
│ │                  │  │ │ │ ┌─ 買取りの申し出 ┐│ │   │ │
│ │                  │  │ │ │ │× 納税猶予対象外││ │   │ │
│ │                  │  │ │ │ └──────────────┘│ │   │ │
│ │                  │  │ │ └──────────────────┘ │   │ │
│ │                  │  │ └────────────────────┘   │ │
│ └──────────────────┘  └──────────────────────────┘ │
└──────────────────────────────────────────────────┘
```

＊　特定市街化区域とは、平成3年1月1日において、三大都市圏の政令指定都市、既成市街地等に該当する地域をいいます。

2　改正の内容

　贈与税の納税猶予又は相続税の納税猶予を受けた者が、特例農地等（特例の適用を受けた農地のことをいいます。）の譲渡、贈与若しくは転用をした場合又は権利の設定若しくは耕作の放棄等をした場合は、次に掲げる場合の区分に応じ、次に掲げる猶予されていた贈与税又は相続税が打ち切られることになります。（措法70の４、70の６、70の８）

(1)　譲渡等した特例農地等の面積が特例農地等の合計面積の20％を超えている場合（収用交換等を除く）　→　猶予されていた贈与税又は相続税の全額を納付する必要があります。

(2)　譲渡等した特例適用農地等の面積が特例農地等の合計面積の20％以内の場合　→　猶予されていた贈与税又は相続税のうち譲渡等をした特例適用農地等に係る部分に相当する贈与税又は相続税を納付する必要があります。

　特例農地等の譲渡等をした場合、納税猶予額の全部又は一部の贈与税又は相続税のほか、相続税の申告期限から納税猶予期限までの期間に相当する利子税を支払う必要があります。特例農地等の譲渡等が収用等に基づくものである場合は、租税特別措置法70条の８に規定する農地等の納税猶予に係る利子税の特例により、通常計算した利子税の２分の１に相当する利子税を納税することとされていました。今回の改正で、収用等に基づく譲渡の場合は、利子税を免除することとされました。

　また、特例農地等の譲渡等をすることにより、原則として納税猶予額の全部又は一部を納税することになりますが、代替農地等を取得した場合の買換特例があり、一定の要件を満たした代替農地等の取得をした場合は、納税猶予を継続させることができます。

　この特例農地等を譲渡し、代替農地等を取得した場合の買換特例とは、特例農地等の譲渡があった日から１年以内に特例農地等を取得する見込みであることに付き所轄税務署長の承認を受けた場合は、その譲渡はなかったものとして取り扱われ、農地等の納税猶予が打ち切られることなく納税猶予を継

続する制度です。従前の規定は、代替資産は特例農地等とされていたため、取得の段階で特例の対象となる農地等に該当している必要がありました。したがって、現行制度上では、特定市街化区域で生産緑地の指定が取得の段階でされていないものは特例の対象外となっていました。今回の改正により、三大都市圏の特定市の特例農地等を収用等のために譲渡した場合には、代替農地の取得時に三大都市圏の特定市の生産緑地地区内の農地等又は市街化調整区域内の農地の該当しないものであっても、譲渡後1年以内にこれらの農地等に該当することとなる土地については、代替農地等に該当することとされました。

　また、この買換特例は、譲渡等があった日から1年以内に取得予定の代替農地が対象となっているため、譲渡等をする以前から保有していた農地等（先行取得で取得した農地など）を代替農地とすることができませんでした。今回の改正により、三大都市圏の特定市の特例農地等を収用等のために譲渡した場合において、譲渡後1年以内に、その譲渡があった日において特例適用者が有していた特例農地以外の三大都市圏の特定市の生産緑地地区内の農地等若しくは市街化調整区域内の農地等又は譲渡後1年以内にこれらの農地等に該当することとなる土地（譲渡した特例農地等に係る相続等の開始前において有していたものを除く）も代替農地等に含まれることになりました。

(注)　上記2の改正は、平成26年4月1日以後の収用等のための譲渡について適用されます。（平26改法附128）

3　その他の改正

　農地中間管理事業の推進に関する法律により創設される農地中間管理事業のために行われる賃借権等の設定による貸付けを特定貸付けの特例の対象とするほか、同法の制定に伴う所要の措置が講じられる他、農業経営基盤強化促進法及び農地法の改正に伴う所要の措置が講じられます。（措法70の4の2、70の6の2）

(注)　上記3の改正は、平成26年4月1日以後の農地中間管理事業のために行われる貸付け等について適用されます。（平26改法附128）

第2章
相続（贈与）の対策はこうする

『相続対策』、我々はお客様に提案業務を行う際には、あえて『相続税対策』ということばを使わずにお話をします。税理士として相続税や贈与税のことを中心に業務に携わりますので、実際には『相続税対策』となりますが、相続という財産の承継対策を考える場合には、税金だけではなく様々な要因が生じてくるからです。

　よく新聞にある、『この４月から年収600万円の夫婦子供２人の一般的なご家庭で生活費（所得税等）の負担はこう変わる。』という見出しがありますが、これを相続（税）の世界で考えると一般的なご家庭で…という設定自体が難しくなると思います。

　たとえば…夫婦子供２人で…ご資産が２億円として仮定して…
　①　この夫婦の年齢差は？ご主人と奥様どちらが年上？
　②　子供は男子（女子）２人？男女２人？男女いずれが年上？
　③　２億円の資産が全て金融資産？全て不動産？どの程度割合？
　と、いうように様々な要因を考えると一般的なご家庭など存在しなくなります。

　もちろん、税金だけを考えれば計算はできますが、相続は資産所有者の『想い』と『願い』をその資産に込めて引き継がれるものであるため、経済的価値だけで対策のメリットとデメリットを判断して実行することができないものです。

　では、どのように対策を考えていけばよいのでしょうか。

　この章では相続対策の準備段階から基本的な対策（贈与対策）から、同族会社の応用対策の具体的な活用方法をご提案致します。

第2章 相続（贈与）の対策はこうする

第1節 相続対策の基本（現状分析（財産棚卸し））

　相続対策とは、資産の所有者の『想い』や『願い』を実現するものでなければなりません。そのため、資産の所有者の『想い』や『願い』は何かを明確にしていく必要があります。

　たとえば、ご自身の今後の生活をどのように過ごそうとしているのか、どの財産を誰に相続させようと考えているのか、相続させる資産の割合について、均分な財産承継を考えているのか、それとも特定の者に財産を承継させるのか、そして、節税効果を得るためのリスクやコストの許容範囲はどのように考えているのか等が明確になっていないと対策は進みません。とりあえずやってみよう。という場当たり的なものでなく相続対策の全体設計が不可欠です。

　そのためには、まず現状を正しく把握すること（現状分析）から始める必要があります。すなわち、財産の棚卸しを行うことです。財産の棚卸しを実行することにより、現在の資産の相続税評価額や時価を知り、その資産がどのように活用されているのか、万が一の場合の納税資金は万全か、不足するならば、どのくらい足りないのかなどの現状をしっかりと認識することができ、問題点も浮き彫りになります。

　そして、その財産の棚卸しをカルテとして専門家の力を借りて問題解決のための処方箋をもらい、時間をかけて計画的に実行していくようにします。

【財産の棚卸しに必要な資料　チェックシート　例】

チェック	書類	備考
	固定資産税課税明細書	共有名義・相続登記がなされていないものを含む
	所得税の確定申告書	過去3年分程度
	法人税の確定申告書（3期分）	不動産管理会社などを運営している場合

	預貯金の概要	金融機関名・現在の残高
	有価証券の概要	金融機関名・現在の残高
	生命保険証券	被保険者となっているもの及び保険料負担者となっているもの
	借入金の返済予定表	現在の残高が分かるもの
	第一次相続時の相続税の申告書	推定被相続人の配偶者が以前死亡の場合
	ご家族構成（相続税の試算の為）	お名前・続柄・生年月日

【財産の主な棚卸表　一例】　　「貸借対照表」　　　　　　　　単位：万円

不動産	土地等	19,000	債務	借入金	8,000
	家屋	4,000		その他	2,000
現金・預貯金		5,000		相続税	5,400
上場有価証券		3,000	純資産 （承継可能資産）		24,600
その他 （内　生命保険金　4,000）		9,000			

　この棚卸表を作成し、相続税を納税するために必要な資金に対して、相続予定財産と相続人所有の金融資産（現預金、生命保険金、上場有価証券等）がいくら準備可能かを確認し、相続税の支払能力の有無を判断します。

　相続税の支払能力の判定の一つとして、『納税資金÷相続税×100』で求めた≪相続税のカバレッジ≫があります。この比率が100％よりも小さければ小さいほど対策が必要であることが判ります。

　≪相続税のカバレッジ≫

$$\frac{（相続財産のうち金融資産〇〇万円）＋（相続人の金融資産●●万円）}{相続税の総額△△△万円}$$

【財産の分析表の一例】

種類	所在地　等	面積等	利用状況	備考
不動産			貸地	借地人○○氏　地代◆◆円
			貸家建付地	マンション○○戸　家賃◆◆円
			更地	未利用地
			自宅敷地	夫婦二人居住　子は別居
預金	銀行　支店		普通	主に年金収入・生活費支出
	銀行　支店		普通	家賃収入の口座
	銀行　支店		定期	
有価証券	上場株式	○○証券		各銘柄の特徴、株数など
	投資信託	○○証券		
	債券	○○証券		
	同族会社	株主名簿等		
生命保険	保険会社	終身	受取人	相続税・所得税など課税税目
	保険会社	年金	受取人	
その他	貸金庫の有無			資産の存在の確認
	金地金の有無			
借入金	銀行	住宅ローン		返済期間・金利
	銀行	アパートローン		
	同族会社	借入金		
	預かり保証金	賃貸物件に係るもの		物件との紐付き

1 不動産について

　不動産について収益物件等がある場合には一般的な収益力の確認はもちろんのこと、その物件の固定資産税負担能力や相続税負担能力を分析するのも一つの考え方です。

◆固定資産税利回り（その資産が固定資産税を負担できているかどうか）

$$\frac{当該資産の収入－必要経費}{当該資産の固定資産税額}$$

※　貸地などの場合、著しく地代が低い場合があります。その場合には地代増額交渉などが可能かどうかの検討が必要となります。

◆相続税利回り（その資産が負担すべき相続税を蓄積するための必要な期間は？）

$$\frac{当該資産の収入－必要経費}{当該資産に係る相続税額}$$

（注）　当該資産に係る相続税額とは…

$$当該資産の所有者に係る相続税の総額 \times \frac{当該資産の相続税評価額}{当該資産の所有者の相続税評価の合計額}$$

　各不動産の収益能力の分析や、契約書や測量及び筆界確認書の有無を調査します。そして、収益能力の低い物件の収益性向上の方法があるかどうか、無い場合には、処分すべきものかどうか、処分する場合のタイミング（物納という選択肢）があるかどうかを判断していきます。

　なお、契約書や測量及び筆界確認書は、売却や物納の際に必要書類となります。

2 預貯金について

　各金融機関名と支店名、そして残高を確認しておくとよいでしょう。名義預金（75ページのコラム参照）と指摘されるような金融資産がないかどうかの判定も必要です。

3 有価証券

　上場株式等がある場合には、証券会社と株主名簿を管理している信託銀行の証券代行部などで端株の有無を認識しておくのも肝要です。

　また、投資信託や債券を保有している場合には、保有通貨の状態や満期の有無、オプション取引の有無を確認しておくのもよいでしょう。

　有価証券のうちに同族会社株式（非上場会社株式）がある場合には、その株式数、可能であれば発行済み株式総数に占める株式数を把握しておくことが必要です。なぜなら、保有割合（議決権割合）に応じて、その同族会社株式の評価方法が異なることとなるからです。

4 生命保険契約

　生命保険契約は、その契約形態により評価方法や課税関係が異なります。

　相続が発生したと仮定した場合において、保険事故が発生となり『生命保険金』が支払われるときは、この生命保険金については下表の区分に応じ、それぞれに掲げる税目となります。

　なお、相続税の対象となる場合において、相続人（相続放棄した者を除く）

が受け取る死亡保険金については、「500万円×法定相続人の数（注）」までが相続税の非課税となります。

【生命保険契約の契約形態別の課税関係一覧】

保険料負担者	被保険者	保険金受取人	課税科目
本人	本人	本人の相続人	相続税
本人以外の者　A	本人	本人以外の者　A	Aに対する所得税
本人以外の者　A	本人	本人以外の者　B	Bに対する贈与税

（注）イ．法定相続人の数は、相続の放棄をした者がいても、その放棄がなかったものとした場合の相続人の数をいいます。
　　　ロ．法定相続人の中に養子がいる場合、法定相続人の数に含める養子の数は、実子がいるときは1人、実子がいないときは2人までとなります。

　また、相続が発生したと仮定した場合において、その被相続人が被保険者でない保険契約で、その被相続人が保険料を負担している場合には、保険事故が発生していない保険契約『生命保険契約に関する権利』として、相続税の対象となります。

5　その他の資産

　書画骨董、金地金など動産のうち価値があるものが対象となります。また、同族会社へ資金の工面をしている場合には、貸付金等として相続税の対象となります。

6　借入金

　金融機関からの借入金のほか、同族会社からの借入金や賃貸物件を所有している場合における、建設協力金、賃借人からの預かり保証金で返還が必要な部分が対象となります。

この借入金を調査する際に、借入金利や借入期間などの条件を整理しておくのもよいでしょう。

> **コラム　名義預金や名義株式（以下、名義預金等）について**
>
> 相続税における税務調査の最大のポイントは、「名義預金等」の存在についてです。では、この名義預金等とはどのようなものをいうのでしょうか。
>
> ◆名義預金等とは…
>
> 　形式的には配偶者や子、孫などの名前で預けているが、収入等から考えれば、実質的にはそれ以外の真の所有者がいる、つまり、被相続人がそれら親族から名義を借りて預けているのに過ぎない預貯金（株式）をいいます。
>
> 　相続税の税務調査においては、名義が被相続人のものでなくても、実質的に被相続人に係る預貯金と認められるものは、被相続人の相続財産に該当するものであると指摘します。
>
> 　相続対策や相続税の申告においては、この点を十分に理解したうで対策を行っていくことが肝要です。
>
> ◆名義預金等の時効について
>
> 　名義預金等が問題となる場合に、必ず抗弁として使われる言葉が「税務上の時効（除斥期間）」についてです。しかし、この時効について誤った認識で発言をすると、返り討ちにあってしまいますので注意が必要です。
>
> 　贈与税の課税対象とされる贈与には、①民法上の贈与（非課税とされるものを除く。）と、②相続税法上の独自の観点から設けられたみなし贈与（例えば、生命保険金の贈与等）の２種類があります。
>
> 　民法上の贈与については、民法第549条において「贈与は当事者の一方が自己の財産を無償にて相手方に与うる意思を表示し相手方が受託を為すによりてその効力を生ず」と規定されています。
>
> 　このことから、贈与者による贈与の意思表示と受贈者による受贈の意思表示をもって成立する契約（諾成契約）行為であることが特徴であり、贈与者による一方的な意思表示のみでは民法上の贈与は成立しないことになります。
>
> 　贈与による財産の取得の時期は、贈与の場合は次表のようになります。
>
> 　ただし、その贈与の時期が明確でないときは、その所有権等の移転の登記又は登録があった時とされます。

態　様	原　則
書面による贈与	その契約の効力が発生した時
口頭による贈与	その履行の時
停止条件付の贈与	その条件が成就した時

　例えば、父が子名義で毎年預金をしていても、その預金の存在をその子が知らない場合には、受贈者（子）による受贈の意思表示がないことから、民法上の贈与としての諾成契約は成立していないことになり、贈与は成立していないと考えられます。

　そのため、子名義の預金が行われて何年経過していても、民法上の贈与が行われていない以上、税務上の時効は成立しないことになります。

　つまり、相続対策を考えた場合には、税務署への説明はもちろんのこと、親族同士の不信感払拭のために、被相続人から各相続人への明確な贈与の意思表示を立証できるような贈与を行うべきだと考えます。

【名義預金の簡易判定表】

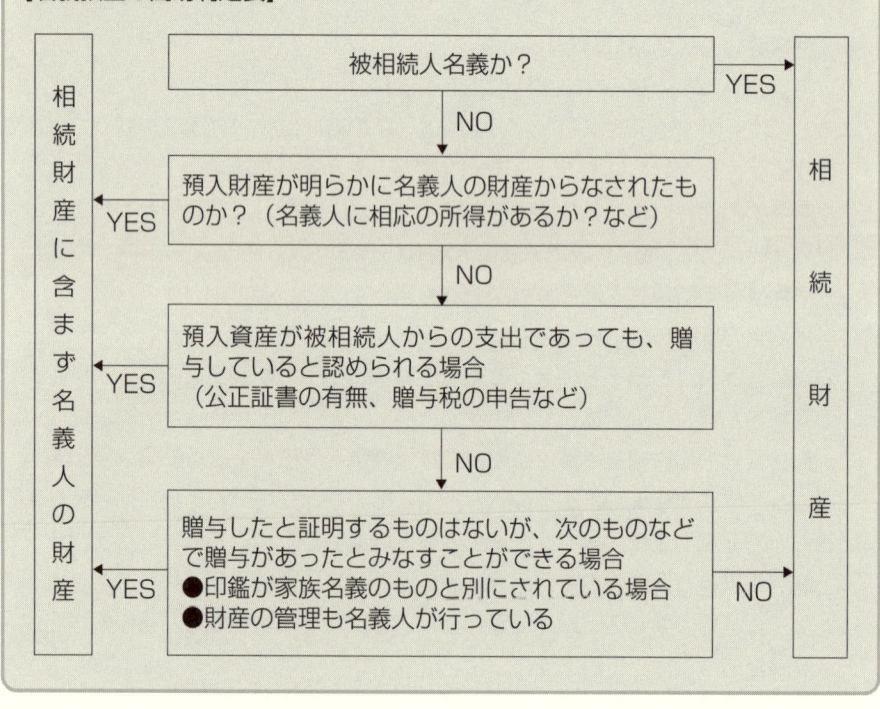

```
                    ┌─────────────────────────┐
                    │   被相続人名義か？       │────YES───┐
                    └─────────────────────────┘          │
                              │NO                        │
                              ▼                          │
          ┌─────────────────────────────────────┐        │
  ┌─YES──│ 預入財産が明らかに名義人の財産から    │        │
  │      │ なされたものか？（名義人に相応の      │        │
  │      │ 所得があるか？など）                  │        │
  │      └─────────────────────────────────────┘        │
  │                 │NO                                  │
  │                 ▼                                    │
相│   ┌─────────────────────────────────────┐         相
続│   │ 預入資産が被相続人からの支出であっ   │         続
財│   │ ても、贈与していると認められる場合   │         財
産│YES│ （公正証書の有無、贈与税の申告など） │         産
にまず└─────────────────────────────────────┘
含│                 │NO
名│                 ▼
義│   ┌─────────────────────────────────────┐
人│   │ 贈与したと証明するものはないが、次   │
の│   │ のものなどで贈与があったとみなすこ   │
財│   │ とができる場合                        │
産│YES│ ●印鑑が家族名義のものと別にされて   │──NO──┐
  │   │   いる場合                            │      │
  │   │ ●財産の管理も名義人が行っている     │      │
  │   └─────────────────────────────────────┘      │
```

第2章 相続（贈与）の対策はこうする

第2節 相続対策の目的

　現状の把握ができると、その資料から「思っている以上に相続税の負担が生じる。」とか、「思ったよりも相続税の負担が軽い。」、また、「不動産の相続税評価額に対して、収益性が低い。」など、問題点が浮き彫りとなってきます。そこから、各人ごとに対応策を考えていくこととなります。

　下記には、一般的に考えるべき対策の柱となるべき3つのポイントについてご紹介しています。

1 納税資金対策

　相続税は、所得税や法人税とは異なり、その資産価値に対して課される財産課税の性質を有しているため納税資金の準備が重要です。

　特に、相続財産のうちに不動産や自社株式の占める割合が高い場合、これらの財産は資産価値が高いにもかかわらず換金性が低いことから、相続税の軽減対策を図るとともに、相続税の納税資金対策も講じておかなければ、相続税を納めるために次世代に承継させたい資産を売却することになり、不必要な資産分散を余儀なくされることとなります。

　たとえば、納税資金を確保するために生命保険契約を活用する方法や、国に対して相続税の分割払いを申請する延納、相続税を不動産などの資産で納める物納、さらに農地や自社株については、一定要件のもと相続税の納税が猶予される納税猶予制度などが考えられます。

【平成24年分相続財産種類別取得財産価額】　　　　　　　　単位：百万円

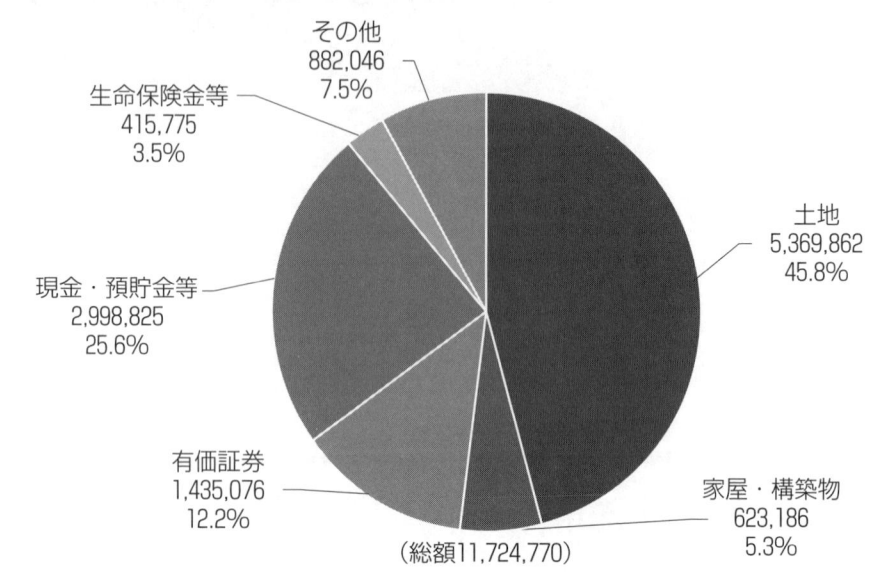

その他　882,046　7.5%
生命保険金等　415,775　3.5%
現金・預貯金等　2,998,825　25.6%
有価証券　1,435,076　12.2%
（総額11,724,770）
家屋・構築物　623,186　5.3%
土地　5,369,862　45.8%

国税庁統計情報より

　統計上の数値をみると地価の下落傾向が続いているとはいえ、相続財産に占める不動産（土地と家屋）の割合は現在でも、過半数を超えています。地価の下落によって相続税も減少していることにはなりますが、むしろ不動産の換金処分が困難となれば、納税資金を限られた期間で準備することが難しくなることから、納税資金対策の重要度が増しています。

　また、納税資金以外にもいろいろな面で『お金』が必要となってきます。たとえば、残された配偶者の生活資金や、次の争族対策につながる分割資金（財産分割を円滑にするための資金）などです。

2 争族対策

　近年の家庭裁判所における家事手続案内件数のうち相続関係は、その総数の約3割を占めるまでになり、件数そのものも年間17万件を超えてきています。また、平成10年頃と比較すると、相続相談件数は当時の2.3倍にもなっており、相続問題が増加してきているのがわかります。

【遺産争いに関する家庭裁判所の相談件数の推移（抜粋）】……司法統計年報より

年次	家事手続き案内件数		
	総数	うち相続関係	その割合（％）
平成10	348,281	75,698	21.7
平成21	575,377	166,218	28.8
平成22	596,164	177,125	29.7
平成23	577,566	172,890	29.9
平成24	585,094	174,494	29.8

※　家事手続き案内とは、家庭裁判所が家庭内や親族間における問題を解決するために家庭裁判所の手続きを利用できるかどうか、利用できる場合にはどのような申し立てをすればよいかなどについて説明、案内した件数をいいます。

【遺産分割事件のうち認容・調停成立件数（「分割をしない」を除く）遺産の価額別】

	平成24	平成23	平成22
総数	8,740	7,892	7,987
1,000万円以下	2,824	2,470	2,469
5,000万円以下	3,797	3,571	3,465
1億円以下	1,000	910	1,060
5億円以下	555	571	590
5億円超える	47	41	51
算定不能・不詳	517	329	352

　遺産分割事件のうち、当事者間で解決した件数の価額別の内訳表をみると、平成24年度分の総数8,740件のうち、1億円以下の資産額が占める割合が8割～9割となっています。このように相続問題は財産の大小にかかわらず生じ

ている問題でもあります。

　これは、現民法下においては、明治民法による家督相続が当然であった世代とは異なり、「家」よりも「個」の権利主張が強くなっていることによる影響だと考えられます。

　このような争族問題を回避する方法として遺言書や生前贈与などが考えられますが、一番大事なことは、ご家族間のコミュニケーションだと考えます。

　もし、相続が発生した場合において、あなたが他の相続人から今まで何も聞かされたことがない遺言書の存在を告知されたら…どう思われますか。あまり良い気はしないのではないでしょうか。

　ご家族間で様々な問題を抱えるケースも少なくないので、遺言書を全否定するものではありませんが、まずは親子間、兄弟間の意思疎通が重要だと考えます。

③ 相続税の軽減対策

　上記❶と❷の対策と並行して相続税の軽減対策を行っていくことも必要です。ただし、この軽減対策に偏りすぎないように注意することも大切です。相続対策は将来に向かっての対策であるため、後の税制改正のリスクを十分に認識しておかなければなりません。軽減だけを主たる目標に掲げて対策を実行し、『もう相続対策は万全だ。』として、その後のメンテナンスを怠ると、税制改正により現在の対策が封じ込められたときに、『この対策は相続税の軽減効果がない。』ということにもなりかねません。

　相続対策を立案する場合には、対策にかけることのできる時間などを予測し、対策のメニューを選択し、コストとリスクを分散し、軽減することが肝要です。

【時間軸による主な相続税軽減対策の分類】

時間を要する対策		即効性のある対策 （1年以内に相続開始）	
項目	概要	項目	概要
生前贈与 （暦年贈与）	毎年低い税負担内での贈与	養子縁組	法定相続人の増加による相続税の軽減
生命保険の加入	健康なうちに加入し、非課税財産への組換え	墓地・仏壇の取得	非課税財産への組換え
資産管理会社の活用	収入を分散し、次世代での納税資金確保	賃貸不動産の取得	建物時価と相続税評価額の差額の利用
持株会社の活用	高額配当による事業会社の内部留保の移転	自社株評価の引下げ	無配・1株当たりの利益金額の引下げ

第3節　生前贈与

　生前贈与は、相続対策の中でも最も多く活用されている対策の基本中の基本といえるものです。

　この対策の特徴は、

　　① 意思決定さえすれば比較的簡単に実行に移せる。
　　② 税制改正の影響を受けにくい。
　　③ 対策の実行に際して、必ずしも専門家を必要としない。

などが挙げられます。また、対策の目的としては、

　　① 蓄積してきた資産を次世代に移転させる。
　　② 蓄積を防ぐために収益を生んでいる資産を移転させる。
　　③ 価値が上昇する前の資産を移転させる。
　　④ 当事者同士の意思表示がはっきりしているときに財産を生前相続する。

というものが考えられます。

　このように贈与対策は比較的簡単に効果的な対策を行えるものになります。

　キーワードは、『いつ・だれに・何を・どれだけ、贈与するか。』です。

1　いつ

1　早い時期から

　相続の対策を実施するには時間があればあるだけ、様々な選択肢から対策を考えることができます。

　また、一般的な対策として考えられる贈与対策（暦年単位課税）は、毎年のことなので、早い時期から実施していけば1回あたりは小さなものだとし

ても、その回数を繰り返すことにより大きな効果を得ることができます。

【『日本人の主な年齢の平均余命　平成20年～23年』】　　　　厚生労働省資料

年齢	男（単位：年）				女（単位：年）			
	平成20年	平成21年	平成22年	平成23年	平成20年	平成21年	平成22年	平成23年
0歳	79.29	79.59	79.64	79.44	86.05	86.44	86.39	85.90
5	74.57	74.87	74.90	74.71	81.33	81.69	81.64	81.19
10	69.61	69.90	69.94	69.77	76.36	76.73	76.67	76.24
15	64.65	64.93	64.98	64.81	71.39	71.75	71.70	71.28
20	59.75	60.04	60.07	59.93	66.45	66.81	66.75	66.35
25	54.92	55.20	55.24	55.10	61.54	61.90	61.83	61.45
30	50.09	50.37	50.41	50.28	56.64	57.00	56.92	56.56
35	45.27	45.55	45.59	45.47	51.75	52.11	52.03	51.69
40	40.49	40.78	40.81	40.69	46.89	47.25	47.17	46.84
45	35.79	36.09	36.10	35.98	42.08	42.44	42.36	42.05
50	31.21	31.51	31.51	31.39	37.34	37.70	37.61	37.32
55	26.79	27.09	27.07	26.95	32.68	33.04	32.95	32.68
60	22.58	22.87	22.84	22.70	28.12	28.46	28.37	28.12
65	18.60	18.88	18.86	18.69	23.64	23.97	23.89	23.66
70	14.84	15.10	15.08	14.93	19.29	19.61	19.53	19.31
75	11.40	11.63	11.58	11.43	15.18	15.46	15.38	15.16
80	8.49	8.66	8.57	8.39	11.43	11.68	11.59	11.36
85	6.13	6.27	6.18	5.96	8.21	8.41	8.30	8.07
90	4.36	4.48	4.41	4.14	5.71	5.86	5.76	5.46
95	3.15	3.24	3.17	2.84	3.97	4.13	4.06	3.60
100	2.31	2.36	2.30	1.93	2.77	3.01	3.00	2.33

※　平均余命とは…ある年齢の人々が、その後何年生きられるかという期待値のことです。

2　年末年始を利用すると2日でも2年分

(1)　金融資産

　暦年単位課税制度は、その名称のとおり1月1日～12月31日までの期間に行われた贈与を1課税期間として課税されます。そこで、この制度の性質をうまく利用して短い期間で多くの贈与を行うことができます。

たとえば、子が翌年の年初に200万円が必要だとして、親がこの資金を援助してあげたい場合には、当年の12月31日に110万円、翌年の１月１日に110万円を贈与すれば無税で220万円を渡すことができます。

　これを暦年内で行うと、『（200万円－110万円）×10％＝９万円の贈与税』がかかりますが、年末年始をうまく使うことにより適法に資金の移動を行うことが可能となります。

　ただし、この２日間というのは、年末年始の贈与のため、客観的に、いつ贈与（資金を移動）したかが証明するのが難しいので、誤解を招かないようにするのであれば金融機関が稼働している時期に口座振込で行うのが望ましいでしょう（現預金であれば、おおよそ、年末であれば12月27日ごろまで、年始は１月４日以降が一般的です）。

(2) 収益不動産

　収益不動産などを贈与する場合には、その収益不動産の収益の帰属を考えると、単年で全ての所有権を贈与してしまうのが理想的ですが、その贈与を１年で行うと贈与税の負担が大きくなります。そこで、年末年始の期間を利用して贈与すれば、２年分の非課税額が利用できるとともに、累進課税の緩和も期待できます。

2 誰　に

　贈与を行う相手は、推定相続人や親族に関わらず、他人も含めて誰でも構いません。ただし、相続税の課税において『相続時開始前３年以内の贈与』については贈与で財産を移転させていたとしても、その贈与財産をもう一度相続財産に加算して相続税として課税をやり直すこととなっています。そして、この場合における加算対象者は『相続又は遺贈により財産を取得した者』のみとされています。

このようなことから、贈与候補者の第一位は、通常では相続では財産を取得しない孫です。他には兄弟姉妹、甥や姪、そして子の配偶者などが考えられます。結果として相続開始直前の贈与となったとしても、これらの者への贈与は贈与の課税のみで相続税の課税のやり直しがありませんので、相続税の軽減に対策には効果的な贈与となります。

もちろん、若年者等への多額の贈与は、受贈者の金銭感覚の鈍化など弊害もあり得ますので、贈与するときには予防線として渡す資産や渡す方法などを考えることも必要です。

3 何を

(1) 贈与するのに適している財産
　将来値上がりする財産、高収益の賃貸不動産、高配当の株式など
(2) 贈与するのに適していない財産
　将来値下がりすることが確実な財産（建物や動産など）、移転するのに贈与税以外のコストが多額に生じる財産（土地等）など
(3) 贈与した後のことを考えての贈与財産

【贈与後の財産管理を考えた生命保険契約の活用】

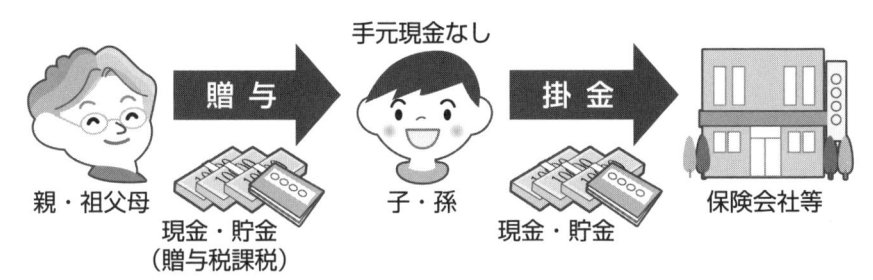

『このプランでの保険契約の例』
　保険の種類：終身保険

契約者：子・孫

被保険者：親・祖父母

受取人：子・孫（契約者と同一）

◆手元資金がない子や孫に対して、親や祖父母が贈与により資金提供を行い、その資金を原資に子や孫が保険契約を締結する。これにより、贈与の意思表示の確定と、贈与資金のロック（保険事故が発生するまで資金は保険会社）をすることが可能となる。

4 どれだけ

『贈与税は相続税の補完税』とされており、相続税の課税前、つまり、生前に贈与を行って財産を次世代に移転させると相続税の課税がされなくなるために、贈与に対して贈与税を課税することとしています。

したがって、相続税がかからない方が多額の贈与税を支払って贈与を行うことは、より税負担を重くしていることになりますので、税の軽減対策上は逆効果ということになります。そのため、贈与額を決めるポイントは、現時点でどれくらいの相続税負担が生じるかを確認したうえで行うことが重要になります。

ちなみに、贈与する金額のポイントとしては次の３つがあります。

１．年間110万円の贈与

…相続税のご負担の無い方が贈与税の負担も無い範囲で実行する場合に有効

110万円－110万円＝０円　　∴贈与税０円

２．年間310万円の贈与

…贈与税率の最低10％適用の上限額

（310万円－110万円）×10％＝20万円　　∴20万円の贈与税

３．年間470万円の贈与

…実効税率(贈与税/贈与財産)が相続税の最低税率の10%と同じ金額

(470万円 − 110万円) × 20% − 25万円 = 47万円　　∴47万円の贈与税

※　平成27年以降における20歳以上の直系卑属への贈与の場合には、次の金額(520万円)を贈与すると実行税率10%となります。

(520万円 − 110万円) × 20% − 30万円 = 52万円　　∴52万円の贈与税

5 生前贈与を実行する際の注意点

1．贈与契約書を作成し、贈与の意思があったことを明確にしておくこと。
2．金銭で贈与を実行する場合には、贈与をする人の預金等の口座から、贈与を受ける人の預金等の口座に振込(移管)処理を行い、通帳等に資金異動の証拠を残す。
3．通帳、印鑑、証書などは贈与を受けた人が自ら管理する。
4．贈与税は贈与を受けた人が納付する。

※　必ず契約書を作成しなければならないということではなく、客観的な証明を求められた場合の有効な書類となるものです。

6 相続時精算課税

　暦年単位課税に代えて、相続時精算課税を活用することも考えられます。しかし、この制度を一旦選択すると、その贈与者からの贈与についてはそれ以後相続時精算課税での計算となり、暦年単位課税を利用することができなくなりますので、選択する際には十分にメリットとデメリットを比較し、ご自身の対策の方針に合致するかどうか慎重な判断が必要です。

【相続時精算課税と暦年単位課税】

		相続時精算課税	暦年単位課税
	制度の趣旨	贈与税と相続税の一体課税 生前贈与を促進	相続税の補完税 生前贈与を抑制
	贈与者	65歳以上の父又は母（注1）	制限なし
	受贈者	20歳以上の子（注2） （養子又は代襲相続人を含）	制限なし
贈与時	贈与制度の選択	贈与者ごと、受贈者ごとに贈与制度の選択が可能	選択の余地はない
	税額計算	（選択した贈与者ごとに贈与された財産の累積額－非課税枠）×20%	（その年に受けた贈与財産の価額の合計額－基礎控除額）×超過累進税率
	税率	一律20%	10%〜50%の超過累進税率（注3）
	非課税枠	一生涯において2,500万円の非課税枠を複数年にわたり利用できる。	年間110万円を毎年利用できる
	申告の要否	非課税枠内でも申告必要	基礎控除以下の贈与であれば申告不要
	適用手続き	最初の贈与を受けた年の2月1日〜3月15日までに届出書を提出する。	特に手続きを必要としない。
相続時	生前贈与加算の取扱い	特定贈与者に対するすべての特定贈与財産が加算される	相続又は遺贈により財産を取得した者が当該被相続人から相続開始前3年以内に贈与を受けた場合に加算される。
	贈与税額控除	控除しきれない贈与税相当額については還付される。	控除しきれない贈与税については還付されない。
	情報開示	特定の贈与に対するすべての贈与について情報開示の対象となる	相続開始前3年以内の贈与については情報開示の対象となる。

注1　平成27年1月1日以後は、60歳以上の父母又は祖父母となります。
注2　平成27年1月1日以後は、20歳以上の子又は孫が対象者となります。
注3　平成27年1月1日以後は、10%〜55%となります。

◆相続時精算課税を選択するのに適している場合の例示

1．今後、確実に値上がりする財産で、現在の財産価値において暦年単位課

税で贈与すると贈与税の負担が大きくなるものを贈与する場合。
2．収益を生み出す財産で、現在の財産価値において暦年単位課税で贈与すると贈与税の負担が大きくなるものを贈与する場合。
3．遺言書を作成するよりも、自身の生前中に財産の帰属を確定させておき、税の精算だけを相続の際に行えばよいと思っている場合。

7 教育資金の贈与

　平成25年4月1日から平成27年12月31日までの間に、個人（以下「受贈者」といいます。）が、教育資金に充てるため、金融機関等との一定の契約に基づき、受贈者の直系尊属（祖父母など）から、㈜信託受益権を附与された場合、㈹書面による贈与により取得した金銭を銀行等に預入をした場合又は、㈻書面による贈与により取得した金銭等で証券会社等から有価証券を購入した場合には、これらの信託受益権又は金銭等のうち1,500万円までに相当する部分の価額については、金融機関等の営業所を経由して『教育資金非課税申告書』を提出することにより贈与税が非課税となります。
　その後、受贈者が30歳に達するなどにより、教育資金口座に係る契約が終了した場合には、非課税拠出額を控除した残額があるときは、その残額がその契約が終了した日の属する年に贈与があったこととされます。

8 上場有価証券等の贈与

　上場株式とは、金融商品取引所に上場されている株式をいいます。
　上場株式は、その株式が上場されている金融商品取引所が公表する課税時期（相続の場合は被相続人の死亡の日、贈与の場合は贈与により財産を取得

した日）の最終価格によって評価します。

ただし、課税時期の最終価格が、次の三つの価額のうち最も低い価額を超える場合は、その最も低い価額により評価します。
1．課税時期の月の毎日の最終価格の平均額
2．課税時期の月の前月の毎日の最終価格の平均額
3．課税時期の月の前々月の毎日の最終価格の平均額

※　株価の上昇局面では、現金の贈与よりも株式の贈与の場合の方が効果が高いこともあります。

9　非上場株式等の贈与

上場株式等とは異なり、その非上場会社の資産状況やその非上場会社が上場していたと仮定した場合の株価を基に株価が計算されます。（「非上場株式等」とは、中小企業者である非上場会社の株式又は出資をいいます（以下同じ）。

1　非上場株式等の評価イメージ

【支配株主の場合】

評価会社の特徴（会社規模）に応じて2つの価額の折衷割合が決まる。

類似業種と評価会社を**配当金**から比較した要素

類似業種と評価会社を**利益金**から比較した要素

類似業種と評価会社を**純資産額**から比較した要素

Ⓐ類似業種比準方式
類似業種の株価

Ⓑ純資産価額方式
評価会社の清算価値による株価

評価会社の株価

Ⓑ【特徴】
その評価会社の資産価値が株価に影響するため、含み益が大きい会社の株価は高くなりやすい。

Ⓐ【特徴】
上場企業の株価等をベースにして計算するため、上場企業の取引市場の影響を受けやすい（近年であれば低くなりやすい）。

ⒶとⒷの折衷割合は評価会社の従業員数、資産規模、取引金額により判定

されます。

　以上のように利益や資産内容に基づき評価されることとなり、設立から相当な期間が経過している優良な非上場会社は土地等の含み損などが生じていない場合を除いて比較的株価が高くなる傾向があります。

【少数株主の場合】

　上記のような評価を行う場合は、議決権の保有割合が高い、支配株主の場合の評価方法となります。ちなみに、未上場会社の株主ではあるが、その保有の意味合いが議決権の行使というような意味合いで保有しているのではない、議決権割合が小さい株主（5％未満）に適用される方法として、当該評価会社の配当金を基礎として計算する方法があります。

　また、この計算方法による株価は原則評価よりも非常に低い価額となります。

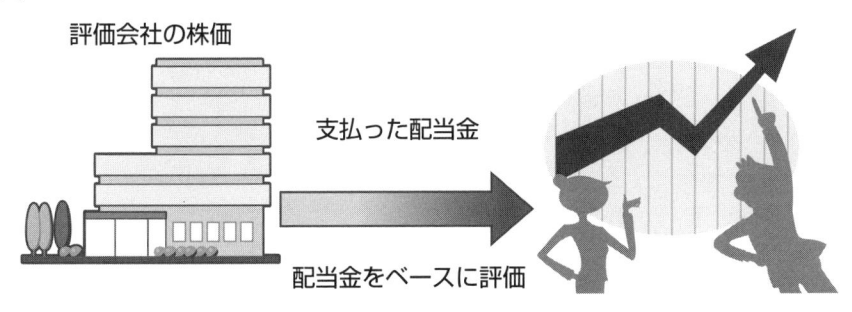

評価会社の株価

支払った配当金

配当金をベースに評価

2 特定の評価方法を採用する評価会社

次に掲げる評価会社は上記の方法とは区分して評価されることとなります。

【特定の評価会社】

会社規模区分	評価方式	
比準要素数1の会社（注2）	類似業種比準価額×0.25＋純資産価額（注1）×0.75	純資産価額とのいずれか少ない金額
株式保有特定会社	S1＋S2方式（注4）	
土地保有特定会社	純資産価額方式	
開業後3年未満の会社		
比準要素数0の会社（注3）		
開業前・休業中の会社		
清算中の会社	清算分配見込額の複利現価方式	

※1 議決権割合が50％以下の同族株主グループに属する株主については、その80％で評価します。
※2 直前期を基準として1株当たり配当・利益・簿価純資産のうちいずれか2つが0で、かつ、直前々期を基準として1株当たりの配当・利益・簿価純資産のうちいずれか2以上が0の会社をいいます。
※3 直前期を基準として1株当たりの配当・利益・簿価純資産の3要素が0の会社をいいます。
※4 『S1』の金額は、実際の事業活動部分としての株式の価額について類似業種比準方式を部分的に取り入れて評価し、『S2』の金額では、評価会社が所有する資産のうち、株式等についてのみ純資産価額としての価値を反映させて評価することができます。

第4節　資産管理会社(法人)の活用

　贈与対策と比較して、費用面や対策効果に時間がかかる対策が資産管理会社（法人）の活用です。法人を設立すればとりあえず対策になると考えている方が多いので、この部分では対策の目的や注意点、対策の具体的な事例をご提示します。

1　資産管理会社の目的

　相続対策を念頭に資産管理会社（法人）を設立する目的は大きく次の3つがあります。
① 　個人資産の蓄積を抑える。
② 　贈与以外の次世代への資産移転の方法
　※　（役員）報酬の支給による次世代への資金移転
③ 　資産承継のBOXとしての役割（個人が資産を直接保有することなく、資産管理会社の株式を所有することによる間接所有の形式をとる）

1　個人資産の蓄積を抑える。

　不動産管理会社によく見受けられる手法です。個人（相続対策対象者）が資産を所有したままだと累進課税により所得税の負担が大きくなるため、法人設立をして所得分散を図ることにより所得税の累進税率の緩和につながります。これがしいては個人の資産の蓄積を抑えることになります。
　なお、この所得分散の仕組みは次の3タイプがあります。
(1)　管理料徴収方式
　法人の役割は個人の資産を第三者に賃貸等する場合において、その第三者との賃貸借契約を仲介し、以後の契約や賃料収入の管理を行うことにより収

益を移転させることにあります。管理業務の対価として月額管理報酬が支払われます。

(2) 転貸方式

法人は、個人より資産を一括で借上げ、これを第三者に賃貸等します。法人の実質的な報酬は、賃貸人からの賃料収入と個人へ支払う賃貸料との差額となります。

(3) 所有方式

法人自身が、収益物件を取得し、管理運営の業務を行っていく方式です。収益が直接法人に帰属することとなり、所得分散効果としては、この方式が最も大きくなるものと考えられます。

> **ポイント** 移転させたい資産から生じる収益を想定して法人の関与形態を考える。

個人事業主が法人成りして会社を組織する場合には、棚卸資産や機械設備などの移転に係る税負担等は大きなものにはなり難いと思いますが、資産承継を想定した場合における収益物件の移転を考えた場合において、それが不動産のときは、移転による登録免許税、不動産取得税、所得税など様々な税コストが想定されます。

したがって、収益物件を移転させる場合には、上記(1)～(3)のいずれ（混合型もOK）の関与形態が適しているかを判定する必要があります。

2 贈与以外の次世代への資産移転の方法

1により法人に移転した収益を、（役員）給与として推定相続人に支給することにより、贈与の他にもう一つの資金移転のルートを作ることができます。

そのため、推定被相続人が役員に就任し給与の支給を受けることになると、せっかくの収入分散の効果が薄まることとなりますので、極力役員に就任することは避けるようにするか、役員に就任したとしても給与の支給は受けないようにします。

また、代表取締役は最も役員給与を支給したい者とすべきです。これは、

役員報酬を支給する場合において税務上の過大報酬として指摘されないためです。代表取締役は対外的な責任の対価として報酬を受け取ることになるので、当該法人のキャッシュフローを損なわない限りは報酬額に上限というものはないと考えられるからです。

【所得分散による税効果　イメージ】

＜前提条件＞

　賃貸マンションの収入は2,600万円・経費は1,000万円とします。

　仮に法人に収入と経費を全て移転させたとした場合を想定しています。

　法人に帰属した収益を妻に600万円、子Ａと子Ｂに500万円ずつ支給したと仮定します。

　法人税の計算上、均等割額は考慮していません。

　税金の計算上、復興特別所得税は考慮していません。

　所得控除は基礎控除のみとしています。

●個人名義の場合

内　　容		個人
不動産	収入	2,600万円
	経費	▲1,000万円
所得金額		1,600万円
所得・住民・事業税		584万円

※　584万円の所得税等となる。

●法人名義の場合

内　　容		資産管理会社	妻	子Ａ	子Ｂ
不動産	収入	2,600万円			
	経費	▲1,000万円			
	役員報酬	▲1,600万円			
給与	収入		600万円	500万円	500万円
	給与所得控除		▲174万円	▲154万円	▲154万円

95

所得金額	0	426万円	346万円	346万円
所得・住民・事業税	0	75万円	53万円	53万円

※　ご家族合計で181万円の所得税等となる。

3　資産承継のBOXとして考える。

　資産を間接所有することによるメリットは、ある資産（仮に不動産とします）が値上がりした場合において、個人が直接保有していると、その所有する不動産の値上がり分は全て相続税の課税対象となるのに対して、法人を通じて間接所有していれば、相続財産はその法人の株式（いわゆる、非上場株式等）となり、この非上場株式等は値上がり分（含み益部分）の40％を控除して株式の評価額を決めることとなっていることや、類似業種比準方式との併用により、直接所有に比して大きく相続税評価を引き下げることができることです。

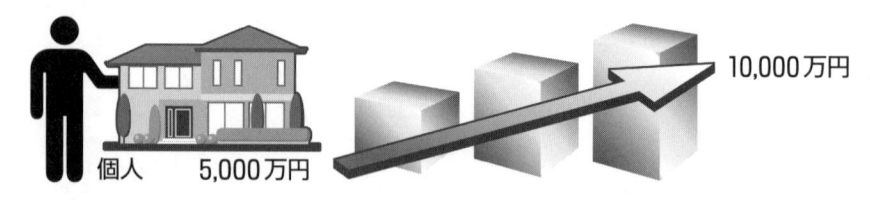

個人　5,000万円　　10,000万円

　個人が直接資産を所有していると、値上がり分は全て個人に帰属することとなります。

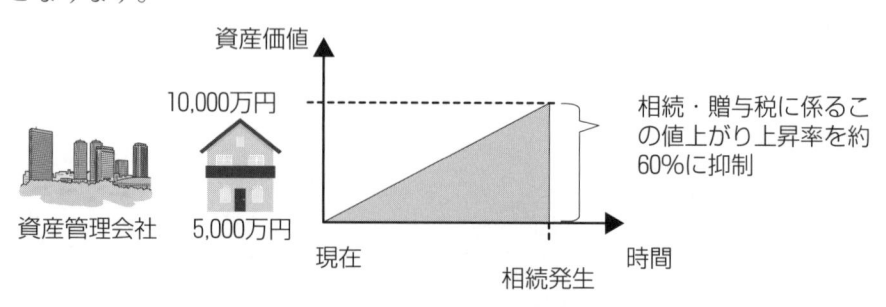

資産管理会社　5,000万円　　10,000万円

相続・贈与税に係るこの値上がり上昇率を約60％に抑制

資産価値／現在／相続発生／時間

　資産を所有している法人を所有する、間接所有の形式を採用することにより、値上がり分の個人への影響を緩和することが可能となります。

2　資産管理会社（法人）を活用した株式贈与

　通常、法人を設立する場合は、推定相続人が株主になるのが一般的ですが、推定被相続人の資産が流動性の高い資産（現金や預金等）によって構成されているときは、法人の株価評価の特性を生かして、推定被相続人を株主として設立する方法もあります。

　これは、法人においては、所有建物の評価額が取得後３年間は通常の取引価格（時価）により評価することとなりますが、取得後３年経過後は固定資産税評価額により評価することができることとなっている方法を利用することにあります。

　新築の賃貸物件を取得する場合において、取得価額を100％とすると、新築直後でも固定資産税評価額は約60％（さらに貸家であれば相続税評価額は、借家権の30％を減額します）相当額となっていますので、３年経過後には法人の所有財産の評価額が大幅に下がることとなり、結果として法人の株式評価額も減少することとなります。

　そして、この評価額が減少している時期に株式を贈与することにより、現金や預金を直接に推定相続人等へ贈与するよりも、軽い負担で、かつ、大きな資産を推定相続人等へ贈与することも可能となります。

【新設法人で建物を新築した場合の株式評価額】

＜前提条件＞

　賃貸物件の建築費を30,000万円（固定資産税評価額は18,000万円）とします。

　賃貸物件の相続税評価額は、18,000万円×（１－30％）＝12,600万円とします。

　個人（推定被相続人）の出資金を5,000万円とします。

　銀行より融資を25,000万円受けます。

　建築後３年間に現金等その他資金が1,000万円増加したとします。

1 法人設立時の相続税法上の純資産

設立直後の貸借対照表

現金 5,000万円	資本金（純資産） 5,000万円

（注1）資産－負債＝純資産
（注2）純資産額≒株価

個人が5,000万円出資し、法人を設立します。

個人の資産
株式＝5,000万円

2 賃貸物件建築、竣工時における相続税法上の純資産

建築直後の貸借対照表

建物等 30,000万円	銀行借入金 25,000万円
	資本金（純資産） 5,000万円

法人が25,000万円の融資を受け、30,000万円の賃貸物件を建築します。

個人の資産
株式＝5,000万円

3 賃貸物件建築3年経過後における相続税法上の純資産

3年経過後の貸借対照表

現金等 1,000万円	銀行借入金 25,000万円
建物等 12,600万円	
資本金（純資産） ▲11,400万円	

賃貸物件取得後3年経過時点

個人の資産
株式＝0円（債務超過のため）

第5節　事業承継対策

1　対策の目的

　中小企業にとって、事業承継問題は企業の命運を左右する最重要課題です。業績の良い会社ほど株価は高く評価され、株式の相続等において相続税の負担も格段に重くなります。しかも、自社株式というのは処分換金性に乏しい資産でもあり、相続税の納税資金に窮することが多くあります。

　非上場株式等の評価においては、様々な要素が計算過程に含まれるため、その評価方法を理解し、常に株価対策を意識しておくことが重要です。まずは自社株の株価を把握することにより、円滑な事業承継対策を考慮することができます。

　また、自社株の相続対策を考えるうえで『非上場株式等の相続税の納税猶予制度』を活用するかどうかを判断することも重要なポイントとなります。

　さらに、会社の株式は経営者にとっては会社の支配権を意味しますので、一定数以上の議決権を有していることが安定経営には不可欠です。

　中小企業がその株式を親族や第三者に保有してもらっているケースは少なくありません。しかし、世代交代を繰り返せば、おのずと血縁は薄くなり、会社の関わり方も変わってきます。したがって、事業承継対策においては、後継者の支配権確保が大きな課題ともいえます。

2 対策実施の前に

　事業承継対策の柱は、①株価対策（税の軽減等）と②議決権対策（経営権の承継）、③相続発生時の遺産分割問題（相続分や遺留分における特別受益算定時の株価）対策の3つになります。

　①の株価対策は、第一に株価を引き下げることが大きな目標となりますが、これは企業オーナーにとってはアクセルを踏み込みながら、他方でブレーキをかけるという矛盾する行動となり得ます。そこで、法人の経営計画をベースに損金を出すタイミングを図りながら対策の実行を行う必要があります。また、議決権を小さくすれば評価額を低くすることが可能ですが、当然に経営権の安定が損なわれます。

　第二に役員借入金の整理があります。株価というものには直接影響することはありませんが、役員が会社に対して貸し付けている債権は相続が発生すればその個人の相続財産となります。そしてその債権はかなり高い確率で直ちに返済を受けることは難しいものでもあります。このような流動性が低く、相続税評価額が高い資産は早い段階で整理しておくことが肝要です。

　②の議決権対策は、実質的な事業の承継というよりは法人の支配権の承継になります。当該法人に携わっていない親族が多数いる場合などは、保有株数に関わらず整理しておく方がよいと考えます。また、旧商法下における法人設立時の発起人の必要数から、名義借りにより株主となってもらっていたのが、現在においてもそのまま株主名義人として残っている場合も多く見られます。この問題についても、当該株主名義人の高齢化が進んでいることが多く、放置しておくと当初の事情を認識している人がいなくなり、整理交渉が困難となるケースもあり得ますので早めの対処が必要となります。

　③の相続発生時の遺産分割問題対策とは、よく企業オーナー（「被承継者」といいます。）が、次世代の後継者（「事業承継相続人」といいます。）に対し

て、後継者ではない他の相続人（「非事業承継相続人」といいます。）との争族問題を考慮して、事業承継相続人に対して自社株式の生前の贈与や遺言書の作成により特定遺贈を行っているケースが多くあります。

　被承継者においては、これらの対策により万全であると思われていますが実際に相続が発生した場合において、（民法上の）法定相続分や遺留分を計算する際には過去の贈与や遺贈における特別受益に該当する財産も加算して計算されることとなります。

　これらの問題については、被承継者のみが独自の判断で対策を実行していくのではなく、事業承継相続人の考え方や、非事業承継相続人との関係なども考慮しながら対応を検討するのが理想と考えます。

3 株価対策

1　特定の評価会社はずし

　特定の評価会社に該当すると原則として純資産価額方式によって株式の評価額を計算することとなり、類似業種比準価額が低い場合でもそれによって評価することができなくなります（第二章第3節の❾参照）。そこで、各特定評価会社の判定の特徴を利用して、資産構成組み換えなどの手法により特定会社に該当しないようにすることがポイントとなります。

(1)　土地保有特定会社

　資産の中に占める土地等の割合が高い場合に該当する土地保有特定会社に対する対策は、たとえば、所有土地の有効活用を兼ね、建物を新築するなどの対応が効果的です。また、借入によって預貯金や有価証券などの運用をすると土地の保有割合が低下します。

　他には、小規模宅地等の課税価格の特例活用を想定し、面積が400㎡（不動産賃貸業であれば200㎡）までの宅地等で㎡単価が高額な不動産を法人から個

人へ移転させることにより、当該法人の土地等の減少と個人の（金融）資産圧縮という相乗効果も考えらえます。

ただし、課税時期直前に合理的な理由もなしに資産構成に変動がある場合で、それが土地保有特定会社と判定されるのを避ける目的と認められるときは、その資産構成の変動がなかったものとされますので注意が必要です。

会社区分	土地保有特定会社となる場合（課税時期現在で判定）
大会社	$\dfrac{\text{土地等の価額（相続税評価額による）}}{\text{総資産価額（相続税評価額による）}} \geqq 70\%$
中会社	$\dfrac{\text{土地等の価額（相続税評価額による）}}{\text{総資産価額（相続税評価額による）}} \geqq 90\%$
小会社	総資産価額（帳簿価額）10億円以上（卸売業は20億円以上）の場合 $\dfrac{\text{土地等の価額（相続税評価額による）}}{\text{総資産価額（相続税評価額による）}} \geqq 70\%$ 総資産価額（帳簿価額）5,000万円以上10億円未満（卸売業は7,000万円以上20億円未満、小売り・サービス業は4,000万円以上10億円未満の場合） $\dfrac{\text{土地等の価額（相続税評価額による）}}{\text{総資産価額（相続税評価額による）}} \geqq 90\%$

(2) 株式保有特定会社

株式保有特定会社の株式は、原則として純資産価額方式にて評価しますが、納税者の選択により簡易な方法（Ｓ１、Ｓ２方式）によることもできます。

しかし、類似業種比準方式による評価額が低い場合には、所有株式の売却や不動産の取得などによって株式の保有割合を下げ、特定の評価会社から外す工夫が必要です。

会社区分	株式保有特定会社となる場合（課税時期現在で判定）
大会社 中会社 小会社	$\dfrac{\text{株式等の価額（相続税評価額による）}}{\text{総資産価額（相続税評価額による）}} \geqq 50\%$

※ 土地保有特定会社又は開業後３年未満の会社に該当する場合には、上記の条件に該当しても株式保有

特定会社には該当しません。

(3) 比準要素数1（2要素ゼロ）の会社

類似業種比準価額の計算上、1株当たりの「配当金額」、「利益金額」、「簿価純資産」のいずれか2要素がゼロであり、かつ、3要素を直前々期をベースに計算してもいずれか2要素以上がゼロの会社は、類似業種比準価額（純資産価額が低い場合には純資産価額）×25％＋純資産価額×75％の併用方式により評価することになります（3要素ともゼロの場合は純資産価額方式によります。）。

このことから、「簿価純資産額」がゼロ又はマイナスの場合は通常赤字会社であり、純資産価額もマイナスの場合が多いと思われますので、株価対策が必要な会社は「簿価純資産額」はプラスである場合が大半です。

そこで「配当金額」及び「利益金額」の2要素が3期連続ゼロになると予想される場合で、類似業種比準方式の価額が低いときには、過年度における剰余金などを原資として、配当を支給するなどによって、3期連続2要素以上ゼロを回避するようにします。

「配当金額」は直前期末以前2年間の平均額で計算しますので少なくとも、3年に一度、1株50円当たり2円の配当をするか（2年間の平均配当額を計算しますので、一株当たり1円では端数処理で切捨てとなり無配扱いとなります。）、又は3年のうち少なくとも2年は連続して1株50円当たり1円以上の配当をする必要があります（1株あたりの年配当金額の端数処理は「10銭未満切り捨て」となっておりますので、この点には注意が必要です。）。

2　貸付金債権等の対策

非上場株式の負債の部にある役員借入金の処理は相続対策の重要な要素の一つでもあります。この問題点を解消する方法は次の3つが考えらえます。

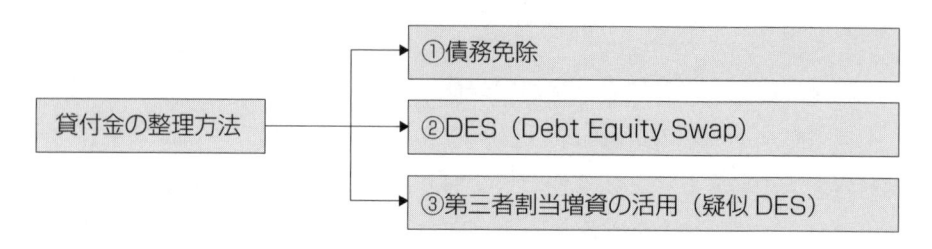

```
                          ┌─→ ①債務免除
┌─────────────┐          │
│ 貸付金の整理方法 │─────────┼─→ ②DES（Debt Equity Swap）
└─────────────┘          │
                          └─→ ③第三者割当増資の活用（疑似DES）
```

(1) 債権の放棄を実行する

　同族会社が赤字で資金繰りもあまり良くない場合には、企業オーナー（同族株主）がその会社に対して資金援助していることがよくあります。同族会社に対する貸付金等は、企業オーナーに万一のことがあれば、相続財産に含まれ、相続税の課税対象となるため、このような債権を放棄し、相続財産からはずすようにします。

　この場合、会社側においては債務免除を受けた金額に相当する利益が発生しますが、税務上の繰越欠損金があれば、これと相殺されますので、繰越欠損金の範囲内の債務免除であれば、結果として法人税は課税されません。

　注意点としては、企業オーナーの債権放棄により、同族会社の純資産価額がその免除額だけ増加することになります。それによって株式等の相続税評価額が上がった場合には、その上がった部分の価額は、当該企業オーナーから他の同族株主への贈与とみなされ贈与税が課税されることとなります。また、資本金1億円超の特定同族会社においては、留保金課税を受けるケースがありますので注意が必要です。

(2) DES（Debt Equity Swap）

　DES（Debt Equity Swap）とは、債務を資本に振り替える行為をいい、債権者が所有している貸付金債権をもって現物出資することをいいます。実行すると、貸付金債権が株式に変換されます。貸付金債権の相続税評価と株式の相続税評価の差がどの程度発生するかがこの整理方法を選択するか否かの分かれ道になりますが、それ以前の問題としてDESの実行にあたりましては下記記載の時価の問題が根底にあります。

以前のDESの実務において、明文規定はありませんでしたが、現物出資の検査役選任申請事件につき地方裁判所が券面額説を採用していたことから、税務上も券面額による資本への振替が行われていました。

　しかし、平成18年の法人税法の改正により時価による資本への振替が明文化されたことにより、時価が券面額以下の場合はその差額について債務免除益が発生することになり法人税等の負担が発生します。また、この時価の算定方法については、明文化された算定根拠がないことから、税務上のリスクを伴います。

(3) 第三者割当増資の活用

　第三者割当増資とは、特定の第三者に対して行う募集株式の発行による増資のことを言います。この第三者割当増資を活用することにより、貸付金債権を同族会社株式に変換することができます。簡単に図式化すると以下のとおりとなります。

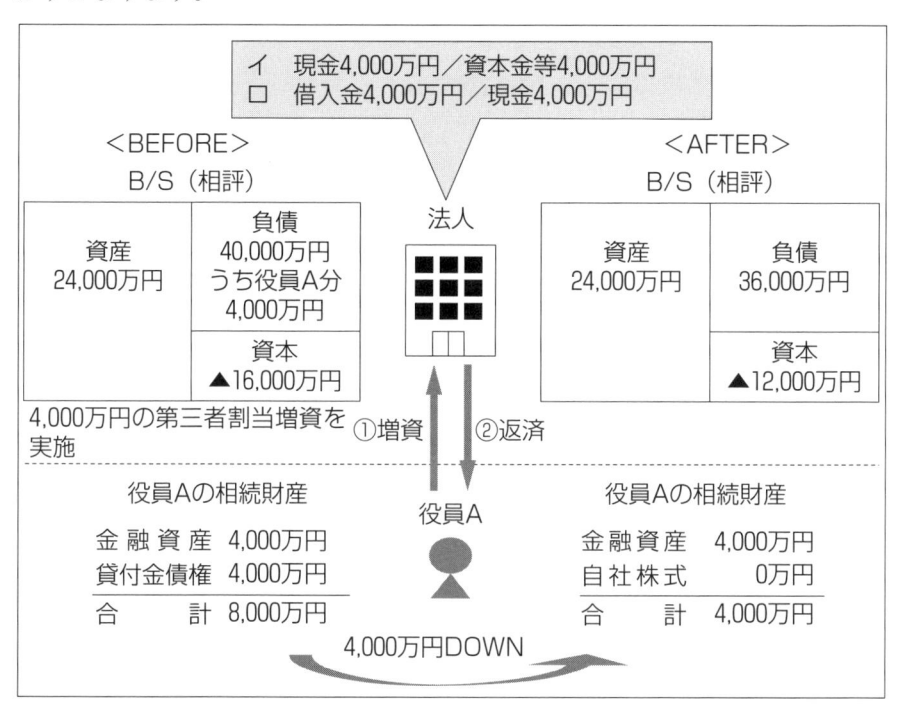

```
イ　現金4,000万円／資本金等4,000万円
ロ　借入金4,000万円／現金4,000万円
```

＜BEFORE＞
B/S（相評）

資産 24,000万円	負債 40,000万円 うち役員A分 4,000万円
	資本 ▲16,000万円

4,000万円の第三者割当増資を実施

①増資　②返済

＜AFTER＞
B/S（相評）

資産 24,000万円	負債 36,000万円
	資本 ▲12,000万円

役員Aの相続財産

金融資産　4,000万円
貸付金債権　4,000万円
合　計　8,000万円

役員A

役員Aの相続財産

金融資産　4,000万円
自社株式　　　0万円
合　計　4,000万円

4,000万円DOWN

＜手順＞
◆第三者割当増資を実施し、役員Aが法人に対し4,000万円の現金出資を行う。
◆法人は第三者割当増資により払込を受けた4,000万円の現金を原資に役員からの借入金4,000万円を返済する。
◆第三者割当増資を実施した結果、役員Aの財産が手持ちの現金から法人の株式に置き換わります。上記の図のとおり法人の純資産価額は債務超過の状態で、増資後も債務超過になることから増資後の法人の株価評価は０になります。したがって、相続税の財産評価上は4,000万円の手持ち現金が評価０の株式に置き換わることになります。

3　含み損の吐き出し

　バブル崩壊による地価や株価の下落により会社が多額の含み損を抱えている場合に、その含み損の吐出しは、類似業種比準価額の引下げ対策に効果的です。

　類似業種比準方式の場合、高額配当である会社、多額の利益を出している会社及び過去の累積利益（簿価純資産価額）が大きい会社等は高い評価額になり、含み損を吐き出すと簿価も大きく引下げることができます。その結果、類似業種比準価額も大幅に引下げることが可能となります。

▼ 設例

1．資本金　　1,000万円（１株当たり資本金の額50円）・大会社
2．発行済株式数　　20万株（社長の持株数10万株）
3．配当　　　前期・当期とも無配
4．当期（平成25年３月期）の利益（前期も同額とする。）　　5,000万円
5．前期末の純資産価額　　5億円
6．類似業種の株価等
　　株価500円、配当金４円、利益金額25円、純資産価額530円
7．土地の含み損　　１億円（時価5,000万円、簿価1.5億円）
　　＜含み損を実現させない場合＞

500円×〔{0÷4＋(250÷25)×3＋2,650÷530}÷5〕×0.7＝2,450円

2,450円×10万株＝24,500万円

※ 1株当たりの利益　　　5,000万円÷20万株＝250円
※ 1株当たりの純資産価額 {5億円＋5,000万円×(1－40%)(法人税を40%と仮定)}÷20万株
　＝2,650円

＜含み損を実現させた場合＞

500円×〔{0÷4＋(0÷25)×3＋2,250÷530}÷5〕×0.7＝294円

294円×10万株＝2,940万円

※ 1株当たりの利益　　　(5,000万円－1億)÷20万株＜0
※ 1株当たりの純資産価額 {5億円＋(5,000万円－1.5億円＋5,000万円)}÷20万株＝2,250円

（注）小数点以下2位未満切捨て

以上のように、含み損を実現させた場合、1株当たり2,156円（2,450円－294円）減少し、オーナーの類似業種比準方式による株式評価額は21,560万円も減少することになります。

（注）一株当たりの類似業種比準価額 ＝ 類似業種比準株価 × $\frac{配当比準値＋利益比準値×3＋純資産比準値}{5}$ × 0.5：小会社 / 0.6：中会社 / 0.7：大会社

4　法人へ遺贈する

　法人も、遺贈により財産を取得することができます。この場合には、どのような税金がかかるのでしょうか。

　まず法人は、財産を取得すると相続税ではなく、その財産の価額を受贈益として法人税が課せられます。財産をもらった会社が赤字であり、赤字（税務上の繰越欠損金）の範囲内の贈与ということであれば法人税の心配はありません。

　しかし、その遺贈により、同族会社の純資産が増加することとなる場合には、株価の上昇による値上がった部分の価額は、遺贈者から他の同族株主への遺贈とみなされ相続税が課税されることになります。

　一方、会社に財産を遺贈した被相続人については、会社に財産を時価で売却したものとして、所得税が課せられます。したがって、含み益のある土地

などについては、かなりの所得税が課せられることになりますので、会社に対する貸付金の放棄や金融資産の遺贈等を検討していただくことで、所得税課税を意識しなくてよいことになります。

なお、被相続人が含み益のある土地を売ったことになる場合には、既に死亡しているため、その所得税を誰が負担するかという問題が生じます。このときは、被相続人の所得税の納税義務は、相続人が承継し、相続のあった日の翌日から4か月以内に、被相続人の準確定申告を提出し、所得税を納めなければなりません。

なお、この所得税は、被相続人の債務となり、相続税の計算上被相続人の財産から控除することになります。

区分	遺言者（遺贈者）	受贈者	
	個人	会社	その会社の同族株主
かかる税金	会社に時価で売却したものとして、所得税がかかる。	受贈益に対し法人税がかかる。	株価の値上がり分に対し遺贈があったものとして、相続税がかかる。
適用	遺贈者の所得税の納税義務は、相続人が承継し、相続開始の日の翌日から4か月以内に準確定申告により所得税の納付を行う。 　その所得税は被相続人の債務となり、相続財産から差し引く。	受贈益以上に、赤字（税務上の繰越欠損金）がある場合には法人税はかからない。	会社が債務超過の状態で、受贈益を計上しても、なおかつ債務超過であれば、相続税はかからない。

5　資産管理会社（持株会社）と、グループ法人税制の活用

　第二章第4節の❶の3でも述べたように、資産を直接保有するのではなく、間接保有に切り替えることが当該資産の値上がり益に対する相続税評価額の上昇を抑えることにつながります。このようなことから、原則的には拡大繁栄を想定している法人（以下、5において「事業法人」といいます。）の株式対策として、当該株式を間接所有する持株会社を設立し、その持株会社に企業オーナーの株式を移転させる対策が考えられます。

◆5－1 事業法人の株価が低迷しているときに移転

【概要】
(1) 被承継者の事業法人株式を事業承継相続人が主宰する持株会社に移転させます（時価による譲渡）。
(2) 被承継者は株式譲渡による譲渡所得（分離20％）が課税されます。
(3) (2)の場合において、上場株式等の譲渡損失や譲渡損失の繰越控除額があれば、当該株式譲渡による譲渡益と通算することができます（平成27年12月31日まで）。
(4) 持株会社の事業法人株式取得資金については、下記のいずれかが想定されます。
　◎金融機関からの融資
　◎事業承継相続人からの融資
　◎被承継者からの融資
　◎被承継者の現物出資（持株会社株式の移転対策が必要）

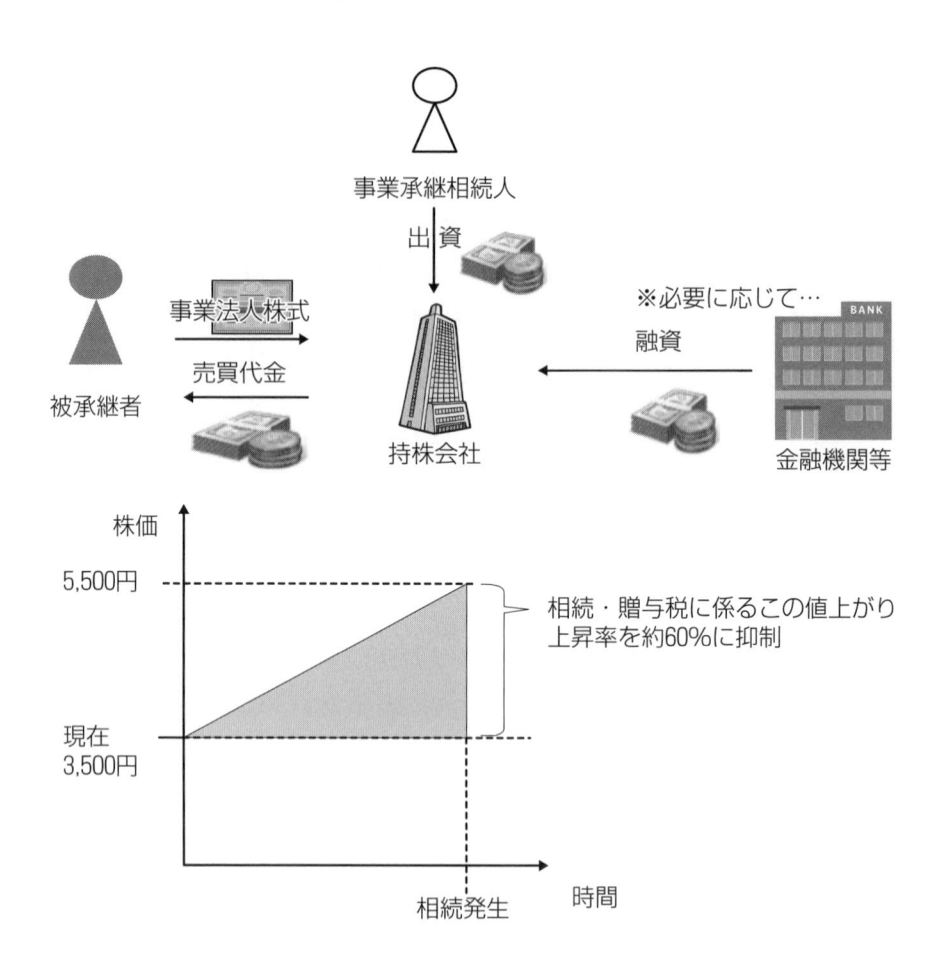

図中テキスト:
- 事業承継相続人
- 出資
- 事業法人株式
- 売買代金
- 被承継者
- ※必要に応じて…
- 融資
- BANK
- 持株会社
- 金融機関等
- 株価
- 5,500円
- 現在 3,500円
- 相続・贈与税に係るこの値上がり上昇率を約60％に抑制
- 相続発生
- 時間

　なお、5－1の対策では、株式移転の際の資金需要をどのように賄うかがポイントとなります。この場合において、事業法人と持株会社との関係が100％グループ内、いわゆる完全支配関係にある法人であれば、グループ法人税制と種類株式の発行を利用して、その法人間における資産移転の特例を活用し、事業法人の資金を持株会社の資金に流用することも対策として考えられます。

第2章 相続（贈与）の対策はこうする

◆5－2　持株会社の事業法人株式取得資金の考察

【概要】
(イ)　被承継者の所有する事業法人株式の一部を配当優先株式とします。
(ロ)　被承継者の所有する株式を配当優先株式も含めて持株会社に移転させます。
(ハ)　事業法人から持株会社へ配当を実施します（グループ法人税制適用のため、持株会社の受け取る配当金は全額益金不算入となります。）。

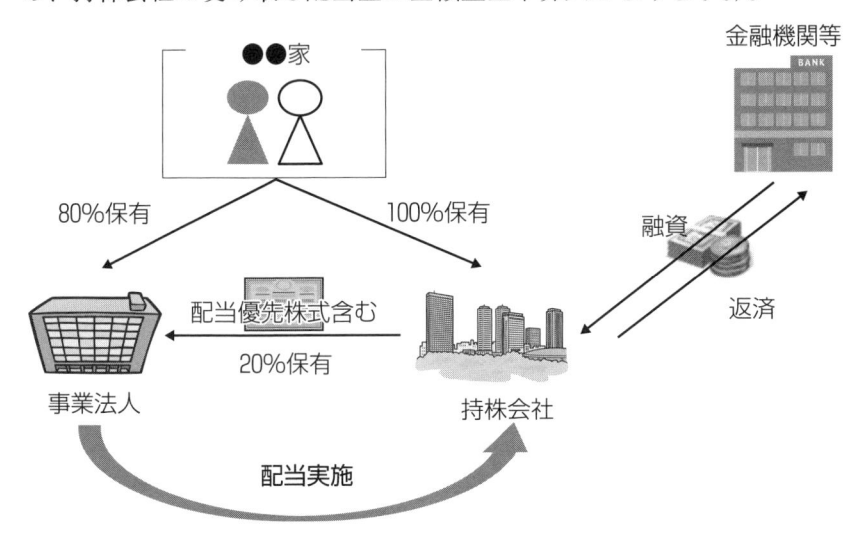

※グループ法人税制
　完全支配関係とは、一の者が法人の発行株式等の全部を直接若しくは間接に保有する関係（当事者間の完全支配の関係といいます。）又は一の者との間に当事者間の完全支配の関係がある法人相互の関係を言います。

111

| 当事者間の完全支配の関係 | 一の者との間に当事者間の完全支配の関係がある法人相互の関係 |

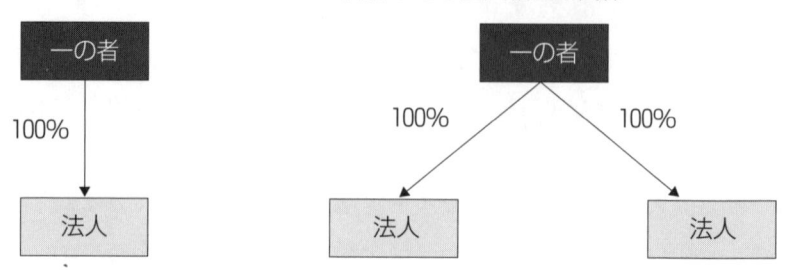

```
        一の者                        一の者
          │                    ┌───────┴───────┐
         100%                 100%            100%
          ↓                    ↓                ↓
         法人                  法人              法人
```

なお、一の者が個人である場合には、その者と特殊の関係のある次に掲げる個人が含まれます。

(1) 株主の親族（6親等内の血族、配偶者及び3親等内の姻族）
(2) 株主等と婚姻の届出をしていないが事実上婚姻関係と同様の事情にある者
(3) 株主等（個人である株主等に限る。次の条件においても同じ。）の使用人
(4) 上記(1)〜(3)に掲げる者以外の者で株主等から受ける金銭その他の資産によって生計を維持している者
(5) 上記(2)〜(4)に掲げる者と生計を一にするこれらの者の親族

4 議決権対策

1 種類株式の活用

事業承継を念頭においた相続対策を実行する際に、自社株式を被承継者の配偶者、子、孫、兄弟などに生前に贈与していることが見受けられます。分散することにより贈与する際の贈与税の負担や、価値の高い自社株式をなるべく早く少なくすることも可能です。しかし、これは経営権の分散にもつながり、経営の安定が損なわれる結果となります。

また、親の心情としては、子は平等に扱いたいということから、事業承継

相続人だけでなく、非事業承継相続人にも自社株式を移転させることを想定している方がいます。もちろん、平等の原則からすれば素敵な考え方ですが、企業の運営ということから考えると、『船頭多くして船…』に成りかねません。やはり、少なくとも特別決議が可能となる議決権総数の3分の2以上は、被承継者と事業承継相続人が保有しておくことが望ましいと考えます。

そこで、このような問題点を解決するために種類株式発行を検討することも考えられます。会社法では、次に掲げる事項について、定款で定めることにより内容の異なる2以上の種類株式を発行することができます。

種類株式	定款において定める内容
剰余金配当優先株式	剰余金の配当
残余財産分配優先株式	残余財産の分配
議決権制限株式	株主総会において議決権を行使することができる事項
譲渡制限株式	譲渡によるその種類の株式の取得について会社の承認を要すること
取得請求権付株式	その種類株式について、株主が会社に対してその取得を請求できること
取得条項付株式	その種類株式について、会社が一定の事由が生じたことを条件としてこれを取得することができること
全部取得条項付種類株式	株主総会の特別決議と種類株主総会の特別決議により、全ての株式を償還することのできること
拒否権付種類株式	株主総会で決議すべき事項のうち、特定の事項について種類株主総会の決議が必要とすること（黄金株）
取締役・監査役選任権付株式	種類株主総会で、取締役と監査役を選任することができること

企業オーナーが、事業承継相続人に経営権を集中させつつ、非事業承継相続人からの遺留分減殺請求にも配慮して株式の分配を行うケースの場合において、議決権制限株式の活用が最も実務上利用価値が高いと考えられます。この場合、中小企業の事業承継の局面で利用する議決権制限株式の内容とし

ては、完全無議決権株式として種類株主総会決議を要しないものとすることが考えられます。

　ただし、非事業承継相続人や他の親族にも配慮するために、剰余金配当や残余財産分配請求権に差異を設けることや、剰余金配当についてのみ議決権を設けるなどの措置も考えられます。

【事例】

(1) 長男が事業承継相続人、なお、相続人は他に2人いる。
　　⇨法人の運営は長男に任せるが、いざ、解散（清算）するとなった際には平等に資産を分け与えたい。
◆長男以外の非事業承継相続人に贈与する株式は、無議決権の残余財産優先株式とする。

(2) 相続人が兄弟間（長男家系で承継させたい）
　　⇨先代の相続の際に株式が分散されており、長男家系でない親族から今後の自社株式相続の際の相続税負担を不安視して、早急な対応を求められている。
◆長男家系以外の親族が保有している株式について、無議決権株式に変更する。
　　※　剰余金配当優先（残余財産優先）の付与も考慮する。

(3) 事業承継対策に前向きで早い段階から対策実施、長男が事業承継人。しかし、子がいない。
　　⇨長男にもしものことがあったら、他人である配偶者へ自社株式が移転してしまうことを想定すると対策実行に踏み込めない。
◆被承継者の保有する株式の一部に全部事項拒否権付株式を付与し、それ以外の株式を長男に贈与する。

2　相続人等に対する売渡請求権制度の導入

　法人の定款に譲渡制限規定が記載されていたとしても、相続等の一般承継による株式の取得については制限することができません。したがって、法人

にとって好ましくない相続人がその株式を取得することや、相続の繰り返しにより株式が分散していくことが懸念されます。

そこで、会社法においては相続等の一般承継で譲渡制限株式を取得した者に対して、その法人がその株式を強制的に売り渡すことを請求することができる制度が『相続人等に対する売渡請求権』です。

(1) 要件等

◆相続人等に対する株式売渡請求規定が定款に記載されていること。
◆その株式が相続等の一般承継により取得した譲渡制限株式であること。
◆自己株式取得に係る財源規制の要件を満たしていること。
◆相続等があったことを知った日から１年以内に、株主総会の特別決議を経て請求すること（特別決議とは、総株主の議決権の過半数を有する株主が出席し、かつ、その議決権の２／３以上の賛成が必要）。
◆売買価格は当事者間の協議によることとし、協議が整わない場合、裁判所に売買価格決定の申立てが可能です。ただし、申立ては売渡請求の日から20日以内に行う必要があります。

(2) 定款記載例

　　（相続人等に対する株式の売渡請求）

　　　第〇条　当社は、相続その他一般承継により当会社の株式を取得した者に対し、当該株式を当会社に売り渡すことを請求することができる。

(3) 留意点

相続人等に対する売渡請求権の制度創設趣旨は、少数株主に相続等が発生した場合において、株式の分散などを防ぎ、より円滑な事業承継ができるようにという狙いだと考えられます。しかし、企業オーナー側に相続が発生した場合においても、少数株主側が株主総会の特別決議を経て請求することとなった場合には、売渡請求権の行使は避けられなくなります。

なぜなら、株主総会の決議において、当該相続が発生した企業オーナー株

式を保有する者は議決権を行使できないからです。

3 遺留分の放棄

　被承継者が非事業承継人に対して、一定の条件のもと、相続の放棄を同意させようとするケースがあります。しかし、法律上は、相続分の生前放棄は認められていません。したがって、いくら約束をしていたとしてもその同意は無効となります。

　そこで、考えられる対策が、遺留分の生前放棄です（民法1043）。遺留分の放棄には、家庭裁判所の許可が必要で、「遺留分放棄の許可の審判」を請求することになります。家庭裁判所が調査をし、この放棄について正当な理由があるかどうかで判断されます。

　なお、家庭裁判所が遺留分の放棄を許可する基準は以下のとおりです。
⑴　放棄が本人の自由意志に基づくものであること。
⑵　放棄の理由に合理性と必要性があること。
⑶　代償性があること（特別受益分があるか、放棄と引き換えに現金をもらうなどの代償があるなど）

　※　親が強要したと考えられる場合や一方的に不利益な場合には認められません。
　※　遺留分放棄の代償として贈与する場合は、既に当該贈与が履行されているか、若しくは放棄と引き換えとして同時に履行することで認められているようです（遺留分の放棄の後、数年経ってから贈与が履行されるという契約では、履行が遂行されない可能性があると考えられて不許可になるという審判例があるようです。）。
　※　遺留分の放棄の許可は80％～90％の割合で許可されているとのことです。

　ただし、遺留分放棄の許可審判の許可・不許可の判断は均一ではない可能性があること、遺留分放棄の許可後においても状況の変化などにより、遺留分放棄者が家庭裁判所に事情を訴えた場合において、家庭裁判所が適当と認めたときは、職権により遺留分放棄の許可審判を取り消すことができることなど自社株式の防衛対策としては不完全なところがあります。

4　民法の特例（中小企業経営承継円滑化法）

　3のようなことから、中小企業経営承継円滑化法が創設され、『事業承継を円滑に行うための遺留分に関する民法の特例』規定が設けられました。

この民法の特例を活用すると、事業承継相続人を含めた被承継者の推定相続人全員の合意を得ることにより、事業承継相続人へ贈与された自社株式について、

(1) 遺留分算定基礎財産から除外（除外合意といいます）、

又は、

(2) 遺留分算定基礎財産に算入する価額を合意時の時価に固定（固定合意といいます）

をすることができます。

上記4の(1)の除外合意が行われると、事業承継相続人が被承継者から贈与等によって取得した自社株式について、他の相続人は遺留分の主張ができなくなるので、相続に伴って自社株式が分散されるのを防ぎ、4の(2)の固定合意が行われると、自社株式の価額が上昇しても遺留分の額に影響しないことから、事業承継相続人は相続時に想定外の遺留分主張を受けることがなくなります。

【要件】

民法特例を利用するには、以下の要件を満たしたうえで『推定相続人全員の合意』を得て、『経済産業大臣の確認』及び『家庭裁判所の許可』を受けることが必要です。

◆法人：合意時点において3年以上継続して事業を行っている非上場企業であること。

◆被承継人：過去又は合意時点において会社の代表者であること

◆事業承継相続人：合意時点において会社の代表者であること。

　　　　　　　　被承継人からの贈与等により株式を取得したことにより、法定議決権の過半数を保有していること。

コラム　特別受益の持戻しと、持戻しの免除

　共同相続人の中に、婚姻のときの持参金・支度金又は営業資金の援助など、生前に被相続人から贈与された人や遺贈を受けた人（特別受益者）がいる場合、その財産は相続により得たものとみなして遺産分割を行います。

　また、生前贈与がある場合は、相続財産額に生前贈与を加えたものを相続財産とみなして法定相続分を算定します。遺贈を受けた人がいる場合は、相続財産に遺贈分が含まれていますので、法定相続分により相続分を算出し、遺贈を受けた人については算出した額から遺贈の額を差し引きます。

　このように被相続人の生前の財産形成に対する貢献や、相続人に対する個別の贈与がある場合には、現在存する資産を法定相続分どおりに分配することが、必ずしも公平とはいえません。そこで、相続人間の財産承継の公平さを保つため特別受益の持戻し規定があります。

【計算式】
① 相続開始時の相続財産額＋特別受益額＝総相続財産額
② ①×法定相続分＝各人の本来の相続分
③ ②－特別受益額＝各人の具体的相続分

　そして、この特別受益の持戻しは、被相続人が特別受益により相続分の一部前渡しをしているという考えがある中での、相続時の合理的分割を想定した上での規定であるため、被相続人が持戻しを望まない意思表示をしている場合には、持戻しは行われません。これを特別受益の持戻しの免除といいます。

　すなわち、特別受益が遺贈である場合にはその遺贈を除いた財産だけを対象に、また、特別受益が生前贈与である場合にはこれを考慮せずに死亡時の財産だけを対象に、法定相続分に従って遺産を分割することになります。

※　意思表示の方式は、特別の方式を必要とせず、遺言でも生前行為でも、明示でも黙示でもよいとされています。したがって、特別受益であっても事情により黙示の持戻しの免除があったものと認められる場合があります。

　ただし、持戻しの免除が問題となるのは、多くは黙示の持戻しの免除の意思表示を認めることができるかどうかの争いです。

　したがって、自社株式を生前に贈与した場合において、当該株式の贈与を特別受益として持戻し対象としない場合には、明確な意思表示を行うことが後々の争

いを防ぐことになります。

なお、持戻しを免除された特別受益が他の相続人の遺留分を侵害している場合には遺留分減殺請求の対象となります。

▼ 説例

◆前提条件
① 被相続人　父（平成25年４月死亡）
② 相続人：長男、二男、長女
③ 相続財産：12,000万円
④ 特別受益：父は平成12年に長男に対して自社株4,000万円を贈与している。（相続開始時点の価額は6,000万円とする。）
⑤ 遺言書による指定
　相続財産について、３人の子に均分に相続させる。特別受益の持戻しを免除する。

◆特別受益の持戻しの免除を考慮した相続財産　12,000万円
◆各相続人の相続分
　長　男：12,000万円×１／３＝4,000万円
　二　男：12,000万円×１／３＝4,000万円
　三　男：12,000万円×１／３＝4,000万円

※　二男又は三男の遺留分
（12,000万円＋6,000万円）×１／２×１／３＝3,000万円≦4,000万円
∴遺留分の侵害はないため、各相続人の相続分は4,000万円となる。

第6節　一般社団法人という選択肢

前述した資産管理会社の設立は一般的には株式会社が多いですが、昨今では一般社団法人を設立し、資産管理会社としての役割を担わそうという考え方もあります。

1 一般社団法人とは

「一般社団法人及び一般財団法人に関する法律」（平成20年12月施行）の規定に基づき、人の集合体である『社団』に法人格を付与したものです。

【特徴】
(1) 出資の概念はありません（出資持分のない法人となります。）。
(2) 定款自治が原則ですが、定款をもってしても社員や設立者に剰余金や残余財産の分配を受ける権利を付与できません。
(3) 事業に公益性がなくてもよい、営利事業も制限がありません。主務官庁による設立許可や監督もありません。
　※　公益社団法人を設立する場合には、要件の厳しい公益認定を受ける必要があります。
(4) 法人税等の課税対象は、株式会社等と同様に全所得課税が原則です（非営利法人の一般社団法人は除きます。）。

2 設立・コスト

【設立】
　一般社団法人の設立にあたっては、特別な許認可は不要です。一般社団法

人の構成員である社員2人以上の発起により定款を作成し、公証役場で定款認証を受けて設立登記を行うことで設立が可能です。なお、社員以外に役員として理事を1人以上置く必要があります。

※ 社員（法人も可）とは一般社団法人の構成員（議決権を有する者）を意味しており、その社員が死亡した場合には法定退社となり、社員の地位を相続で承継することはできず、一身専属権としての地位となります。社員が全ていなくなった場合は解散となります。

ただし、大規模一般社団法人（貸借対照表の負債の部の合計額が200億円以上）の場合は、理事会を設置する必要があります（理事会は【理事3人以上、監事1人以上、会計監査人1人以上】で構成されます。）。

なお、設立時の資本金については、一般社団法人にはそもそも出資の概念がありませんので不要です。

【コスト】

① 設立登録免許税：一般社団法人60,000円（参考　株式会社150,000円、合同会社60,000円）
② 定款認証手数料：一般社団法人50,000円（参考　株式会社50,000円、合同会社は不要）
③ 理事の任期は最長2年。その都度、役員変更登記の費用負担が必要
（参考；株式会社は最長10年、合同会社は任期を定める必要なし）
④ 法人税等については株式会社と同様です（非営利型法人を除く）。

❸ 活用メリット

資産管理会社として、株式会社や合同会社ではなく、一般社団法人を活用することにどのようなメリットがあるのでしょうか。

通常の資産管理会社としてのメリット（第2章第4節の❶を参照）は同様に考えられます。下記においては、株式会社や合同会社とは異なるメリット部分を掲げます。

1　出資持分の概念がなく、法人の財産（いわゆる株価）への相続税課税がない。

　資産管理会社として株式会社を設立した場合には、株主という出資持分を有する者が存在しますが、一般社団法人は出資持分の概念がないため、当該法人に内部留保された利益については、純粋に一般社団法人の資産となるため相続税の課税対象とならないものと考えられます。つまり、株式会社における法人内部留保利益蓄積に伴う『株価』が相続財産となりません。

　なお、当該一般社団法人に個人の資産を移転させる際の譲渡対価については、時価により計算することとなり、その譲渡対価は個人の資産を形成することとなります。

2　社員の地位は一身専属権のため相続できない、そのために後継者を定めておかなくてもよい。

　ただし、後継者選抜の意思決定を相続人に委ねることとなるため、問題の先送りとなる可能性もあります。

4　留意点

(1)　現時点では、上記❸の1のような取扱いとなっていますが、税制改正が行われる可能性もあります。
(2)　解散に伴う残余財産の分配については、課税上問題があります。
(3)　役員任期が最長2年であるため、その都度役員変更登記が必要となります。
(4)　社員全員が同時死亡した場合、一般社団は解散となり残余財産は国庫帰属となる可能性があります。

第7節 非上場株式等に係る相続税の納税猶予制度

「中小企業における経営の承継の円滑化に関する法律」（以下「経営承継法」といいます。）は、①民法の特例（遺留分に関する特例）、②金融支援、③相続税の課税措置（非上場株式等に係る相続税及び贈与税の納税猶予制度）の3つの支援策で構成されています。

1 制度の概要

非上場株式等に係る相続税の納税猶予制度は、経営承継相続人等が、非上場会社を経営していた被相続人から相続等により当該会社の株式等を取得し、その会社を経営していく場合には、その経営承継相続人等が納付すべき相続税のうち、相続等により取得したその会社の発行済議決権株式等（相続開始前から既に保有していた議決権株式等を含めて、その会社の発行済完全議決権株式の総数等の3分の2に達するまでの部分）に係る課税価格の80％に対応する相続税の納税が、その経営承継相続人等の死亡等の日まで猶予される制度です。

なお、相続税の法定申告期限から5年以内に事業承継要件を満たさなくなった場合や、相続税の法定申告期限から5年経過後においても納税猶予の対象となった株式等を譲渡等したときで、猶予された相続税を納付することとなった場合には、その納付税額について相続税の法定申告期限からの利子税も併せて納付することとされています。

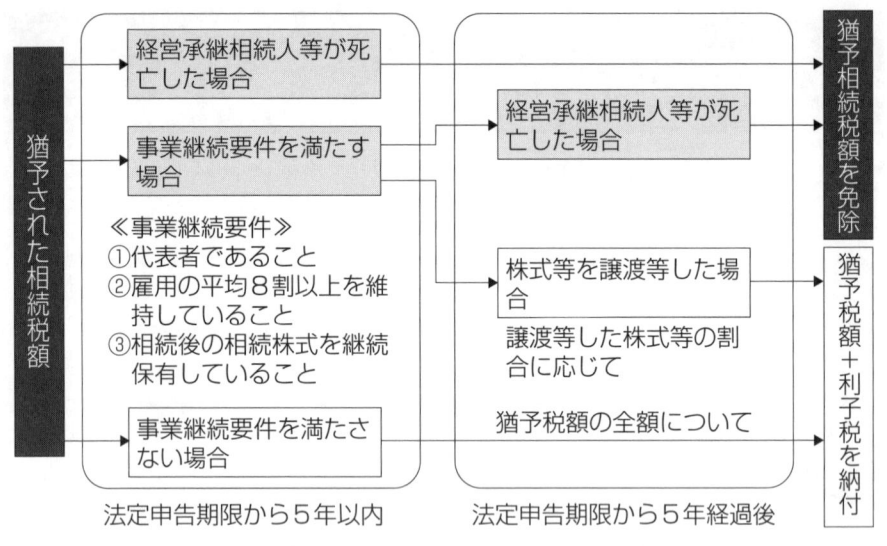

	経営承継相続人等が死亡した場合	→	猶予相続税額を免除
猶予された相続税額	事業継続要件を満たす場合 ≪事業継続要件≫ ①代表者であること ②雇用の平均8割以上を維持していること ③相続後の相続株式を継続保有していること	経営承継相続人等が死亡した場合 → 猶予相続税額を免除	
		株式等を譲渡等した場合 譲渡等した株式等の割合に応じて	猶予税額+利子税を納付
	事業継続要件を満たさない場合	猶予税額の全額について	
	法定申告期限から5年以内	法定申告期限から5年経過後	

※ 経済産業大臣による事前確認制度は廃止されました。
※ 雇用確保要件が満たされないために経済産業大臣の認定が取り消された場合において、納税猶予税額を納付しなければならないときは、延納又は物納の適用を選択することができることとされました。
※ 経済産業大臣の認定の有効期間（5年間）の経過後に納税猶予税額の全部又は一部を納付する場合については、当該期間中の利子税を免除することとされました。

2 納税猶予税額

　非上場株式等に係る相続税の納税猶予税額の計算方法は、下記の方法によることとされています。

1．相続税の納税猶予の適用がないものとして、通常の相続税額の計算を行い、各相続人の相続税額を算出する（経営承継相続人等以外の相続税額は、この税額となる）。
2．経営承継相続人等以外の相続人の取得財産は不変とした上で、経営承継相続人等が、特例適用株式等（100％）のみを相続するものとして計算した場合の経営承継相続人等の相続税額と、特例適用株式等（20％）のみを相続するものとして計算した場合の経営承継相続人等の相続税額の差額を、

経営承継相続人等の猶予税額とする。

この場合において、現行では経営承継相続人等が債務及び葬式費用を負担するときには、特例適用株式等の価額から当該債務及び葬式費用を控除した金額（以下「特定価額」といいます。）をもとに相続税の納税猶予額を求めることとなっており、そのため、納税猶予を選択する場合には債務及び葬式費用の負担割合にも留意して遺産分割を行う必要がありましたが、平成25年度税制改正により、平成27年1月1日以降の相続開始においては『特定価額』の計算において、被相続人の債務及び葬式費用を相続税の課税価格から控除する場合には、非上場株式等以外の財産の価額から控除することとなりました。

なお、上記1．により算出した経営承継相続人等の相続税額からこの猶予税額を控除した額が経営承継相続人等の納付税額となります。

そこで、以下の設例で納税猶予税額の計算方法を確認し、併せて経営承継相続人等が債務を承継する場合に、相続税の納税猶予税額がどのように増減するかを確認してみます。

▼ 設例

1．被相続人　　父（平成27年4月死亡）
2．相続人　　　母、長男（経営承継相続人）、二男
3．相続財産
　① 特例非上場株式　　1億円
　② その他財産　　　　4億円
　③ 債務　　　　　　　△1億円
4．遺産分割
◆ケース1　母はその他財産2億円、長男は特例非上場株式等とその他財産1億円と債務5,000万円、二男はその他財産1億円と債務5,000万円を相続する
◆ケース2　母はその他財産2億円、長男は特例非上場株式等とその他財産

1.5億円及び債務１億円、二男はその他財産5,000万円を相続する。

（単位：万円）

	ケース１			ケース２－Ａ		
	母	長男	二男	母	長男	二男
非上場株式等	—	10,000	—	—	10,000	—
その他財産	20,000	10,000	10,000	20,000	15,000	5,000
債務（△）	—	△5,000	△5,000	—	△10,000	—
課税価格	20,000	15,000	5,000	20,000	15,000	5,000
各人の相続税額	4,610	3,458	1,153	4,610	3,458	1,153
配偶者の税額軽減	△4,610	—	—	△4,610	—	—
納税猶予税額	—	1,789	—	—	0	—
納付すべき相続税	0	1,669	1,153	0	3,458	1,153

	ケース２－Ｂ		
	母	長男	二男
非上場株式等	—	10,000	—
その他財産	20,000	10,000	10,000
債務（△）	—	△5,000	△5,000
課税価格	20,000	15,000	5,000
各人の相続税額	4,610	3,458	1,153
配偶者の税額軽減	△4,610	—	—
納税猶予税額	—	1,789	—
納付すべき相続税	0	1,669	1,153

◆ケース１の場合の計算例

(1) 通常の方法により計算した相続税額

　①課税遺産総額　４億円－（3,000万円＋600万円×３人）＝3.52億円

　②相続税の総額

　　母　　3.52億円×１/２×40％－1,700万円＝5,340万円

　　長男　3.52億円×１/４×30％－　700万円＝1,940万円

　　二男　3.52億円×１/４×30％－　700万円＝1,940万円

　　　　　　　　　　　　　　　　　　合計　9,220万円

③各人の相続税額

母　　9,220万円×20/40＝4,610万円

長男　9,220万円×15/40≒3,458万円

次男　9,220万円× 5/40≒1,153万円

(2) 長男が納税猶予の対象となる株式等のみを相続するものとして計算した場合の相続税額

①特定価額　　1億円（5,000万円※）

※　平成26年12月31日までの相続発生については、1億円（特例株式等）－5,000万円（債務）＝5,000万円
平成27年1月1日以降は、その他財産から債務を充当して計算する。

②課税遺産総額

（2億円＋1億円＋0.5億円）－（3,000万円＋600万円×3人）＝30,200万円

③相続税の総額

母　　3.02億円×1/2×40％－1,700万円＝4,340万円

長男　3.02億円×1/4×30％－ 700万円＝1,565万円

二男　3.02億円×1/4×30％－ 700万円＝1,565万円

合計　7,470万円

④長男の相続税額　7,470万円×1億円/3.5億円≒2,135万円

(3) 長男が納税猶予の対象となる株式等の20％のみを相続するものとして計算した場合の相続税額

①課税遺産総額（2億円＋1億円×20％＋0.5億円）－4,800万円＝22,200万円

②相続税の総額4,670万円

③長男の相続税額4,670万円×2,000万円/2.7億円≒346万円

(4) 長男の納税猶予税額

(2)－(3)＝1,789万円

●ケース2の場合の計算例

平成26年12月31日までの相続については、特定価額＝1億円（特例株式等）－1億円（債務）＝0となり、長男は納税猶予の対象となる株式等を相続し

ていないこととなるため、納税猶予の適用を受けることができません（2－A）。

　しかし、平成27年1月1日以後の相続については、被相続人の債務及び葬式費用を相続税の課税価格から控除する場合には、非上場株式等以外の財産の価額から控除することとなるため、ケース1と同様に納税猶予の適用が可能となります（2－B）。

※　基礎控除額及び相続税率は、平成27年1月1日以降の税制により計算しています。

第8節 非上場株式等の物納

　相続税は資産課税という性質から、現金一時納付という国税の原則のほかに、延納（分割払い）と物納（資産そのもので納税）という選択の余地があります。

　延納と物納ともに、適用を受けるためには越えなければならない壁はたくさんありますが、一時に多額の資金（現預金）流出を抑えるためには、選択肢の一つとして可能性を探ることも重要な対策の一つです。

1 物納の要件、物納申請財産の要件

　物納の許可を受けるためには、次に掲げるすべての要件を満たしていなければなりません。

＜物納の要件＞
① 延納によっても金銭で納付することが困難な金額の範囲内であること
② 物納申請財産が定められた種類の財産で申請順位によっていること
③ 物納申請書及び物納手続関係書類を期限までに提出すること
④ 物納申請財産が物納適格財産であること

＜物納申請財産の選定要件＞
① 物納申請者が相続により取得した財産で日本国内にあること
② 管理処分不適格財産でないこと
③ 物納申請財産の種類及び順位に従っていること
④ 物納劣後財産に該当する場合は、他に適当な財産がないこと
⑤ 物納に充てる財産の価額は、原則として、物納申請税額を超えないこと

2 管理処分不適格財産と物納劣後財産の区分

物納財産については、物納に充てることができない財産（管理処分不適格財産）と、他に適当な価額の財産がある場合には物納に充てることができない財産（物納劣後財産）とがあります。管理処分不適格財産と物納劣後財産は、以下のように定められています。

【株式】

《管理処分不適格財産である株式》	《物納劣後財産である株式》
①　譲渡に関して金融商品取引法その他の法令の規定により一定の手続が定められている株式で、当該手続がとられていない株式 ②　譲渡制限株式 ③　質権その他の担保権の目的となっている株式 ④　権利の帰属について争いのある株式 ⑤　二以上の者の共有に属する株式（共有者全員が当該株式について物納の許可を申請する場合を除く） ⑥　暴力団員等によりその事業活動を支配されている株式会社又は暴力団員等を役員（取締役、会計参与、監査役及び執行役）とする株式会社が発行した株式（取引相場のない株式に限る）	①　事業を休止（一時的な休止を除く）をしている法人に係る株式

3 物納に充てることのできる財産の種類及び順位

物納に充てることができる財産は、納付すべき相続税額の課税価格計算の基礎となった財産（生前贈与加算の規定により相続税の課税価格に加算されたものを含み、相続時精算課税による贈与財産を除きます。）で、日本国内にあるもののうち、管理又は処分をするのに不適格な財産を除いたものとされています。具体的には、次に掲げる財産（相続財産により取得した財産（注

1）を含みます。）で、次に掲げる順位（物納劣後財産を含めた申請の順位は①から⑤の順になります。）によることとされています。

順位	物納に充てることのできる財産の種類
第1順位 （注2）	①国債、地方債、不動産、船舶
第1順位 （注2）	②不動産のうち物納劣後財産に該当するもの
第2順位 （注3）	③社債（特別の法律により法人の発行する債券及び出資証券を含み、短期社債等を除く）、証券投資信託又は貸付信託の受益証券
第2順位 （注3）	④株式（特別の法律により法人の発行する債券及び出資証券を含む）のうち、物納劣後財産に該当するもの
第3順位	⑤動産（注4）

(注1) 相続財産により取得した財産とは、①合併によって取得した株式等、②株式の消却、資本の減少又は出資によって取得したもの、及び③増資によって取得した株式等（旧株式を物納税額に充ててもなお不足額がある場合に限ります。）とされています。
(注2) 棚卸資産である不動産も含まれます。
(注3) 特別の法律により法人の発行する債券及び出資証券とは、商工債又は農林債又は長期信用銀行債等の金融債、放送債券、都市基盤整備権等の政府機関債、日本銀行出資証券をいいます。
(注4) 相続開始前から所有していた特定登録美術品は、上の表の順位によることなく物納に充てることのできる財産とすることができます。この場合、評価価格通知書の写し（文化庁長官に価格評価申請書を提出して入手します。）を提出します。
　特定登録美術品とは、「美術品の美術館における公開の促進に関する法律」に定める登録美術品のうち、その相続開始時において、すでに同法による登録を受けているものをいいます。

1　非上場株式について管理処分不適当財産の判断基準

次のような有価証券に該当する場合、その非上場株式は管理処分不適当財産に該当するものとされます。

① 質権その他の担保権の目的となっている有価証券
② 所有権の帰属等について係争中の有価証券
③ 共有となっている有価証券（ただし、共有者全員が持分の全部を物納する場合を除く）
④ 譲渡に関して法令に特別の定めのある有価証券
⑤ 収納時において利払い期の到来していない利札が切り取られている国債、地方債又は社債
⑥ 譲渡に関して定款に制限がある株式又は出資による権利（注）

⑦　物納財産である株式を一般競争入札により売却することとした場合の有価証券の売出しの届出及び目論見書の交付において、その届出に係る書類及びその目論見書の提出がされる見込みがないもの

⑧　物納財産である株式を一般競争入札により売却することとした場合（通知書の提出及び目論見書の交付が必要とされる場合に限る）において、その通知書及び目論見書の提出がされる見込みがないもの

⑨　売却できる見込みのない有価証券（買い受ける希望を有する者がいることが確認できる場合を除く）

(注)　譲渡制限株式でも、取締役会議事録等による議決機関における解除手続を行いその議決内容等の確認資料としての議事録、株式譲渡承認請求書、株式譲渡承諾書等の物納手続関係書類を物納申請書に添付して提出することにより物納適格財産とすることができます。

2　非上場株式について物納劣後財産の判断

　非上場株式が物納劣後財産の要件である事業の休止をしている法人に係る株式に該当するかについては、提出書類である直近2期の営業報告書（決算書）において、主要事業に関する売上高が計上されているか等の活動状況を確認することにより行われ、必要に応じて発行会社に対するヒヤリング及び現地調査等から休止している事実を確認のうえ判断されます。

【非上場株式の物納許可条件】

区　分	非上場株式の物納許可条件
物納許可後、物納財産の収納のために必要な所有権移転手続等を要する場合	次のような所有権移転手続等を行うこと ①　有価証券の名義変更を行うこと ②　有価証券の現物が発行されていれば、その引渡しを受けること等
非上場株式の物納を許可する場合	①　物納財産の収納後に一般競争入札により売却する場合に必要とされる次の書類を提出することを税務署長が求めた日から6か月以内に納税義務者が履行することを約する確約書 ・有価証券届出書 ・目論見書 ・有価証券通知書 ・開示書類（営業報告書、事業報告書及び財務諸表等） ②　株式の価額を算定する上で必要な資料（貸借対照表等）を速やかに提出する旨の確約書

3　非上場株式の物納申請

　物納しようとする株式が譲渡制限株式である場合には、譲渡制限を解除し、解除したことが分かる書類として議事録の写し等と物納申請者に名義変更している株券の写しを提出するとともに、次の非上場株式の発行会社に係る書類を提出します。

① 　登記事項証明書
② 　物納の許可の申請の日前２年間に終了した事業年度の係る決算書（貸借対照表、損益計算書、営業報告書など）
③ 　株主名簿の写し（直近のもの）
④ 　物納財産売却手続書類提出等確約書
⑤ 　誓約書及び役員一覧

　物納許可通知書の送付を受けた場合には、指定された日までに、税務署へ財務大臣名義に変更した株券を持参しなければなりません。

　なお、非上場株式の物納の許可に際しては、物納財産売却手続関係書類等の確約書の提出が求められ、金融商品取引法その他の法令の規定により一般競争入札に際し必要なものとして定められている書類を発行会社が税務署長に求められた日から６か月以内に提出することの条件付許可となります。

4　非上場株式の場合

　「物納等有価証券に関する事務取扱要領」（財務省理財局）によると、非上場株式の売払いに係る随時契約適格者から買受け意向が示されているもの以外は、速やかに一般競争入札により処分するとされています。一般競争入札により処分される場合には、物納財産の処分は、５年以内に行われる（会計法30）こととなるため、物納をした相続人は最長５年にわたって、有価証券報告書等の提出が求められる可能性があります。

　一般競争入札により処分することが困難又は適当でないと認められる場合には、随意契約により処分するものとし、早期処分を図るため、当面買受け能力のある買受け人が見当たらない株式については、株主総会等の機会をと

らえて会社役員等に積極的な買受け勧奨を行うこととしています。

　随意契約適格者とは、国の所有に係る有価証券の売払いにつき一般競争入札に付することとすれば、その有価証券を発行した会社の経営の安定を阻害するおそれがある場合において、その有価証券をその法人並びにその法人の株主、役員及び従業員その他その法人と特別の縁故関係がある者に売り払うときに該当するもののうち、次の①から③に該当する場合をいいます。

① 当該有価証券を発行した法人並びに当該法人の主要株主（発行済株式の総数の10％以上の株式を有している株主をいう。）、役員及び従業員に売り払うとき

② 当該法人の発行した株式を国に物納した者に対し、その物納した株式数を超えない範囲で売り払うとき

③ 当該法人の主要な業務について、現に継続的取引関係にある者に売り払うとき

　随意契約適格を有する買受希望者には、当該株式の購入時期及び購入資金の手当、方法を記載した「物納株式購入に関する申出書」の提出が求められます。

　随時契約適格者として買い受ける場合には、一時に買い戻す場合は収納から１年以内に、また、一時に買い戻すことが困難であり、将来の買戻しが確実に実行されると見込まれる場合には分割購入が認められますが、５年以内に実行されないときは、原則として一般競争入札に付されることになります。

5　処分基準

　評価は時価によるものとし、時価の算定に当たっては、「物納等有価証券（非上場株式等）の処分に係る評価基準について」通達（平成13年３月30日付財1300号）の定めによるとしています。この通達に基づき算定した基準価格を予定価格とし、当該予定価格以上の価格で処分することとされています。

　相続税により収納した際の収納価格を決定した方式（相続税が課税された際の評価の方式）と同一の方式に基づくことを基本とし、基準価格を算定し

ます。

　ただし、財務局長等が以下のいずれかに該当していると認める場合には、評価の対象となる株式を発行している会社の評価時点における実態に即して基準価格を算定することができるとしています。

①　評価会社の資産の保有状況や規模（総資産価額、従業員数等）、営業状態等が、収納時点と比較して著しく変動している場合
②　評価会社の業種が収納時点と異なっている場合

　なお、基準価格の有効期間（基準価格をもって売買契約の締結が可能な期間）は、１年間とされます。

6　議決権の行使

　財務局長等は、国有財産の管理及び処分を的確に行うためその価値、利益の保全及び実現を図る立場から株主権を行使するものとし、株主総会において株主権を積極的に行使するのは、原則として次に掲げる場合に限るとしています。

①　定款の変更、資本の減少、会社の合併、株式交換、株式移転、会社の解散など会社法上の特別決議又は特殊決議が行われる場合
②　経営者に法令や定款に明らかに違反する重大な行為があると認められる場合
③　会社の利益、役員の報酬などに照らし、同業他社等と比較したうえで、配当金が著しく少ないと思われる場合

　以上のことから、通常の会社運営に当たっては、国は積極的な関与は行わないと考えられます。

● 相続税物納により取得した非上場株式の評価方式フロー

別添1　相続税物納により取得した非上場株式の評価方式フロー

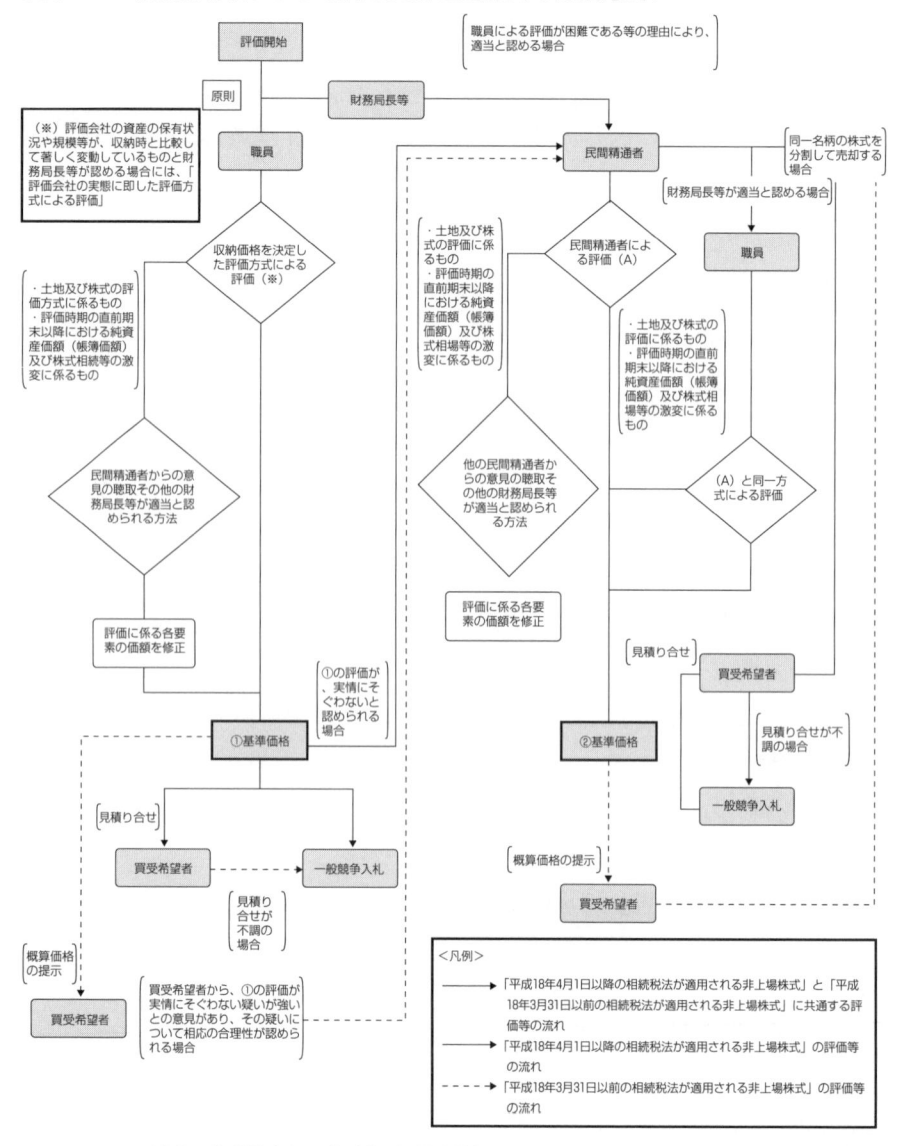

（※）評価会社の資産の保有状況や規模等が、収納時と比較して著しく変動しているものと財務局長等が適当と認める場合には、「評価会社の実態に即した評価方式による評価」

```
                    評価開始
                       │
        原則 ┌─────────┴─────────┐ 職員による評価が困難である等の理由により、
             │                     │ 適当と認める場合
             ▼                   財務局長等
           職員                      │
             │                      ▼
    収納価格を決定した           民間精通者 ◄──── 同一名柄の株式を分割して売却する場合
    評価方式による                  │
    評価（※）                      │ 財務局長等が適当と認める場合
             │                     ▼
   ・土地及び株式の           民間精通者に           職員
   評価方式に係るもの         よる評価（A）          │
   ・評価時期の直前期           │                    ▼
   末以降における純資産       ・土地及び株式      ・土地及び株式の
   価額（帳簿価額）          の評価に係るもの     評価に係るもの
   及び株式相続等の激変      ・評価時期の         ・評価時期の直前
   に係るもの                 直前期末以降         期末以降における
                              における純資産      純資産価額（帳簿
                              価額（帳簿          価額）及び株式相
                              価額）及び株        場等の激変に係る
                              式相場等の激         もの
                              変に係るもの         │
             │                    │              ▼
   民間精通者からの意見         他の民間精通者    （A）と同一方式
   の聴取その他の財務          からの意見の聴取    による評価
   局長等が適当と認め         その他の財務局長
   られる方法                  等が適当と認めら
                              れる方法
             │                    │              │
             ▼                    ▼              │
   評価に係る各要素           評価に係る各要      │
   の価額を修正               素の価額を修正      │
             │                    │              │
             │      ①の評価が、    │              │
             │      実情にそ       │              │
             │      ぐわないと     │              │
             │      認められる     │              │
             │      場合           │              │
             ▼                    ▼              │
        ①基準価格              ②基準価格 ────────┘
             │                    │
      [見積り合せ]          [見積り合せ]
             │                    │          見積り合せが不調の場合
             ▼                    ▼
         買受希望者──→一般競争入札   買受希望者
                  見積り合せが              │
                  不調の場合              一般競争入札
   [概算価格の提示]
             │              買受希望者から、①の評価が
             ▼              実情にそぐわない疑いが強い
         買受希望者           との意見があり、その疑いに
                              ついて相応の合理性が認めら
                              れる場合
```

＜凡例＞
──→　「平成18年4月1日以降の相続税法が適用される非上場株式」と「平成18年3月31日以前の相続税法が適用される非上場株式」に共通する評価等の流れ
──→　「平成18年4月1日以降の相続税法が適用される非上場株式」の評価等の流れ
- - →　「平成18年3月31日以前の相続税法が適用される非上場株式」の評価等の流れ

（出典：物納等有価証券（非上場株式等）の処分に係る評価基準について　財務省理財局）

第3章

証券税制を活用した資産対策はこうする

第1節　少額投資非課税制度（NISA）

1　制度の概要

　少額投資非課税制度（NISA）は、平成26年1月から、証券会社や銀行、郵便局などの金融機関で、少額投資非課税口座（NISA口座）を開設して上場株式や株式投資信託等を購入すると、本来20％（復興特別所得税を含めると20.315％）課税される配当金や売買益等が、非課税となる制度です。

　NISA口座は、日本国内に居住している20歳以上の者が利用することができ、購入できる金額は年間100万円までで、非課税期間は5年間、累積で最高500万円まで非課税口座で運用することができます。ただし、譲渡益を非課税とするためには、原則として、購入した年の1月から起算して5年以内（例えば、平成26年12月に株式を購入した場合、同30年12月末まで）に売却する必要があります。

　なお、証券会社や銀行、郵便局などの取扱金融機関で、一人につき1つの口座の申込・開設ができます。

　しかし、NISA口座は同一勘定設定期間内（最長4年間）における口座開設金融機関の変更ができないこととされています。また、一度開設したNISA口座を廃止した場合、同一勘定設定期間内の再設定ができないなど、利用者にとって不便な点があります。

第3章　証券税制を活用した資産対策はこうする

● NISAのイメージ

勘定設定時間

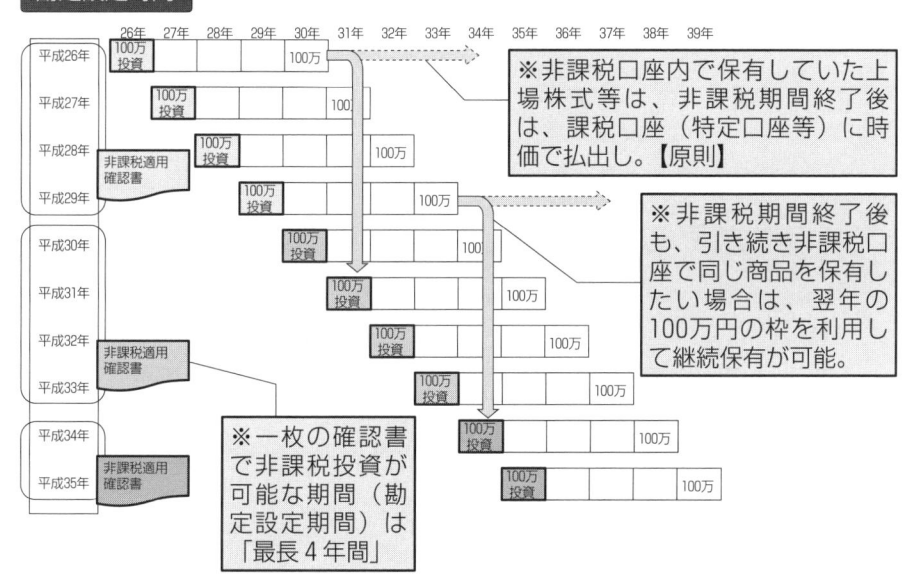

※非課税口座内で保有していた上場株式等は、非課税期間終了後は、課税口座（特定口座等）に時価で払出し。【原則】

※非課税期間終了後も、引き続き非課税口座で同じ商品を保有したい場合は、翌年の100万円の枠を利用して継続保有が可能。

※一枚の確認書で非課税投資が可能な期間（勘定設定期間）は「最長4年間」

（出典：金融庁　ホームページ）

● 制度の概要のまとめ

項　目	摘　要
制度利用可能な者	20歳以上の居住者等
非課税対象	上場株式等・公募株式投資信託の配当・譲渡益
非課税投資額	毎年、新規投資額で100万円を上限
投資可能期間	10年間（平成26年～平成35年）
非課税期間	投資した年から最長5年間
非課税期間終了時の取扱い	非課税期間（5年）終了後は、以下の選択ができる。 ①課税扱い口座（特定口座や一般口座）へ移管する。 ②翌年（6年目）の非課税投資枠へ時価100万円を上限に移管する。
途中売却	自由（ただし、売却部分の枠は再利用不可）
損益通算	特定口座等で生じた配当・譲渡益との損益通算は不可
口座開設数	一人一口座

2 平成26年度税制改正の概要

NISAの普及・定着を図る観点から、利便性の向上・手続の簡素化を図ることとし、以下のような改正を行います。

1 NISA口座を開設する金融機関の変更

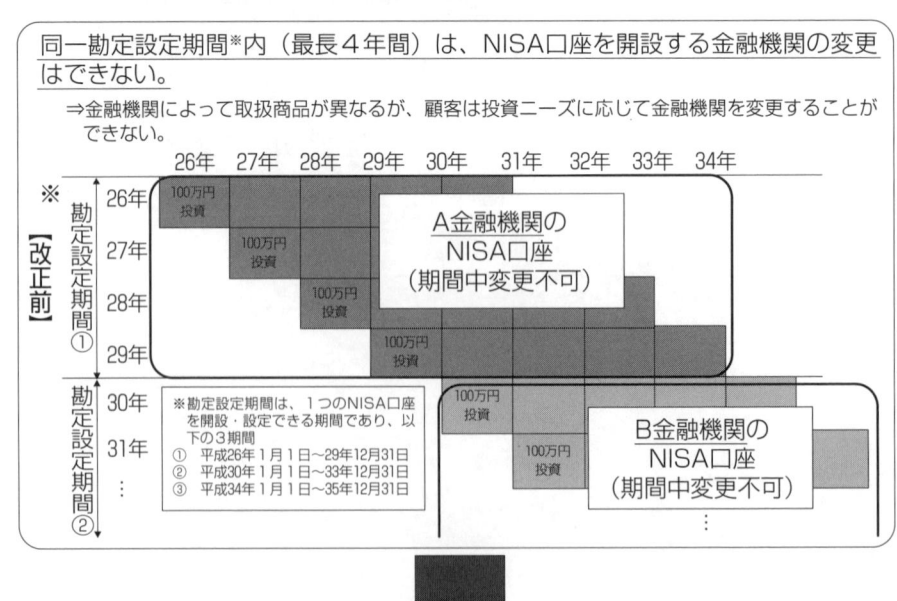

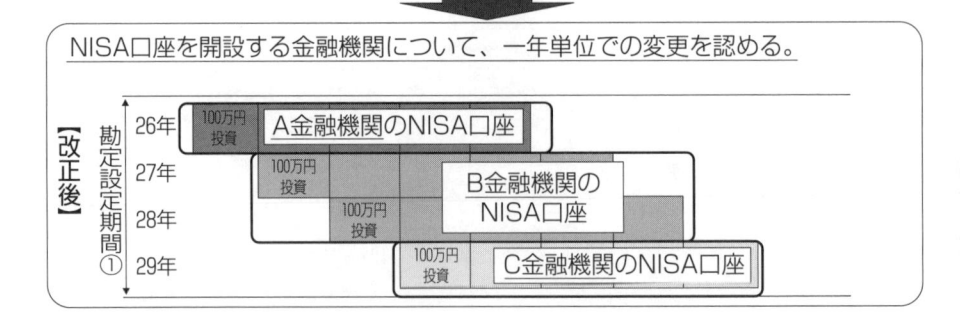

【改正前】

同一勘定設定期間※内（最長4年間）は、NISA口座を開設する金融機関の変更はできない。
⇒金融機関によって取扱商品が異なるが、顧客は投資ニーズに応じて金融機関を変更することができない。

勘定設定期間①：26年〜29年 A金融機関のNISA口座（期間中変更不可）

勘定設定期間②：30年・31年… B金融機関のNISA口座（期間中変更不可）

※勘定設定期間は、1つのNISA口座を開設・設定できる期間であり、以下の3期間
① 平成26年1月1日〜29年12月31日
② 平成30年1月1日〜33年12月31日
③ 平成34年1月1日〜35年12月31日

⬇

【改正後】

NISA口座を開設する金融機関について、一年単位での変更を認める。

勘定設定期間①
- 26年：A金融機関のNISA口座（100万円投資）
- 27年：B金融機関のNISA口座（100万円投資）
- 28年：（100万円投資）
- 29年：C金融機関のNISA口座（100万円投資）

2　NISA口座廃止後の再開設

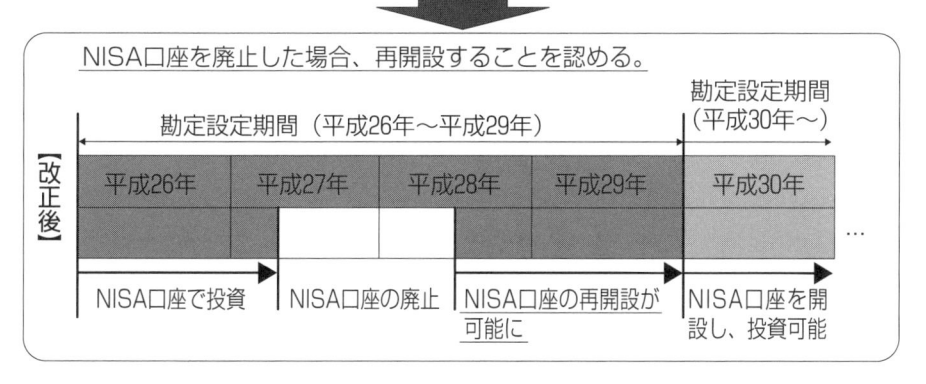

一度開設したNISA口座を廃止した場合、同一勘定設定期間中は、NISA口座を再開設できない。

（例）海外転勤等でNISA口座を廃止した場合であっても、同一勘定設定期間中は帰国後のNISA口座の再開設ができない

【改正前】

勘定設定期間（平成26年～平成29年）				勘定設定期間（平成30年～）
平成26年	平成27年	平成28年	平成29年	平成30年 …
NISA口座で投資	NISA口座の廃止	同一勘定設定期間中は、NISA口座の再開設ができない。		NISA口座を開設し、投資可能

↓

NISA口座を廃止した場合、再開設することを認める。

【改正後】

勘定設定期間（平成26年～平成29年）				勘定設定期間（平成30年～）
平成26年	平成27年	平成28年	平成29年	平成30年 …
NISA口座で投資	NISA口座の廃止	NISA口座の再開設が可能に		NISA口座を開設し、投資可能

（出典：金融庁　ホームページ）

3 制度の利用についての留意点

1 上場株式の配当金等の非課税

　NISA口座で買付けた上場株式の配当金や、ETF、REITの分配金（以下「上場株式の配当金等」といいます。）を郵便局や銀行で受け取ることもできます。

　上場株式の配当金等の受取りは、以下のような方法から選択することができます。

(1) 配当金領収書方式…ゆうちょ銀行等及び郵便局で配当金領収証と引き換えに配当金を受取る方法
(2) 登録配当金受領口座方式…すべての銘柄について、あらかじめ指定した１つの金融機関預金口座で配当金を受け取る方法

　この方法を選択する場合、取引のある証券会社等が複数あるときには、１社に対して登録配当金受領口座方式の申込みをすると、他の証券会社等で保有する銘柄も含め、すべての銘柄について同方式が適用されます。

(3) 単純取次ぎ方式（個別銘柄指定方式）…銘柄ごとに、あらかじめ指定した金融機関預金口座で配当金を受け取る方法
(4) 株式数比例配分方式…すべての銘柄について、証券会社等の口座の残高に応じ、証券会社等を通じて配当金を受け取る方法

　この方法を選択する場合、取引のある証券会社等が複数あるときには、１社に対して株式数比例配分方式の申込みをすると、他の証券会社等で保有する銘柄も含め、すべての銘柄について同方式が適用されます。

　上場株式の配当金等の受取方法について留意すべきことは、上記(4)の株式数比例配分方式以外の方法によって受け取る場合には、上場株式の配当金等は非課税とはならず、20.315％で課税される点です。

　なお、(1)から(4)のいずれの場合であっても、NISA口座で買付けた上場株

式や、ETF、REITの売買益は非課税となります。

参考 上場株式の配当金等の受取方法とNISA口座での課税

受取方式	受取方法	NISA口座の配当金等	NISA口座の売買益
イ．配当金領収証方式	ゆうちょ銀行等及び郵便局	20％課税※	非課税
ロ．登録配当金受領口座方式	指定の銀行口座	20％課税※	非課税
ハ．個別銘柄指定方式		20％課税※	非課税
ニ．株式数比例配分方式	証券会社の取引口座	非課税	非課税

※ 税率は復興特別所得税を含めると20.315％となります。
(出典：NISA（少額投資非課税制度）に関するQ＆A　日本証券業協会)

コラム 特別口座と株式数比例配分方式

　特別口座とは、株券電子化（平成21年1月5日に実施）までに証券保管振替機構（ほふり）に預託されなかった上場会社の株券について、株主の権利を守るため、発行会社の申出により信託銀行などの金融機関（通常は株主名簿管理人）に開設された口座をいいます。

　特別口座で管理される株式等を1銘柄1株でもある場合、配当金の受取方法として証券会社の取引口座で「株式数比例配分方式」を選択することはできません。

　そのため、NISA口座の配当金等の非課税適用を受けるためには、特別口座に残っている株式等を特定口座などへ移管する手続きが必要となります。

2　株式投資信託の分配金

　株式投資信託の分配金には、普通分配金と元本払戻金（特別分配金）があります。普通分配金は、投資信託の元本の運用により生じた収益から支払われる利益であり、NISA口座では非課税となります。一方、元本払戻金（特別分配金）は、投資した元本の一部払い戻しに当たるため、そもそも課税の対象ではなく、NISA口座の非課税のメリットはありません。

　なお、分配金を再投資する場合、課税口座で行うこととしている金融機関が多いようです。

参考 株式投資信託の分配金とNISA口座での課税

	分配金	課税の有無
普通分配金	投資信託の元本の運用により生じた収益から支払われる利益	NISA口座で非課税
元本払戻金（特別分配金）	投資した元本の一部払い戻し	そもそも課税の対象外

3 購入・利用できる商品

証券会社と銀行、郵便局などでNISAを利用して購入できる商品に違いがあります。証券会社では上場株式、ETF、REITや株式投資信託等が、銀行、郵便局などでは株式投資信託等が購入・利用できます。購入する上場株式や株式投資信託等の商品内容を十分に検討のうえ、購入先の証券会社や銀行、郵便局を選ぶ必要があります。

取扱い金融機関	国内上場株式等 （株式、REIT、ETF等）	国内公募株式投信等
証券会社	○	○
銀行・郵便局	—	○

＊ 銀行では、金融商品仲介業によって国内外の上場株式等を購入する取次ぎを行っている場合もあります。

4 NISA口座の利用限度額（非課税枠）

NISA口座の利用限度額（非課税枠）は一人年間100万円で、利用額は買付け代金で計算されます。1単元の購入金額（買付手数料を除く金額）が100万円を超える場合は、NISA口座では単元株を購入することはできません。

上場株式を1単元ごとに買付ける場合には、例えば、一株当たりの株価が1,300円のA株式を買付けるときに、1単元が100株であれば、1,300円×700株＝91万円となります。9万円の非課税枠が残りますが、A株式は1単元以上を買付けなければならないことから、A株式の買付けによる残り枠の活用ができません。そのため、他の上場株式や株式投資信託（1万円から買付けることができます。）等の買付けで対応するしかありません。（証券会社によっ

ては、金額指定で株式を購入することができるサービスを提供しているところもあります。その場合は、9万円相当額のA株式を取得することができます。)

さらに、5年間の非課税期間が経過しロールオーバーする場合に、A株式が1,800円に値上がりしていたら、200株を売却すれば、残り500株×1,800円＝90万円はロールオーバーすることができます。

また、A株式を700株買付け後に300株を売却した場合でも、売却によって拡大した非課税枠の再利用はできないこととされています。

5　銘柄の入替え等

NISA口座には、1年目の取得対価の額が100万円に達するまで上場株式等を取得することができます。そのため、その年中であれば、非課税上限額に達するまで複数回に分けて上場株式等を取得することはできます。しかし、その上場株式等の全部又は一部を譲渡した場合には、その譲渡した部分の取得対価相当額については、その非課税投資枠内での再投資、すなわち銘柄の入替えはできないこととされています。したがって、NISA口座では短期売買をする投資には向かない面があります。

6　NISA口座で保有する上場株式に売買損失が生じた場合

NISA口座では、上場株式や株式投資信託等の配当金や売買益等は非課税となる一方で、これらの売買損失はないものとされます。したがって、特定口座や一般口座で保有する他の上場株式等の配当金や売買益等との損益通算や繰越控除の特例の適用を受けられないことになっています。(リスクの高い金融商品は、一般的にこの口座の受入れ対象には不向きと思われます。)

例えば、NISA口座で保有するB株式の買付け価格90万円が70万円に値下がりした場合の対処法には2つの方法があります。一つは、ロールオーバーして様子をみることです。非課税期間が満了したら新たに5年間の非課税期間へ移管して値上がりを待つことです。この場合、B株式の価額が新たな非課税期間内に110万円に値上がりして売却しても譲渡益40万円（110万円－70

万円)については非課税とされます。

　もう一つの選択肢は売却して損切りするか、課税口座(特定口座又は一般口座)へ移管する方法です。売却しないで課税口座へ移管した場合には、B株式の取得価額は70万円とみなすこととされています。そのため、その後B株式が110万円に値上がりしたら、40万円に対して課税されることとなります。

7　NISA口座で保有する上場株式に売買益が生じた場合

　90万円で買付けた株式投資信託が120万円に値上がりした場合、非課税期間の5年以内に売却すれば30万円の譲渡益は非課税とされます。毎月分配型投信などの普通分配金も非課税ですが、受取った分を再投資すると非課税投資枠は減る(年間投資額に算入)ことになります。

　なお、120万円に値上がりした株式投資信託を非課税期間が終わった後も持ち続けようとしたら、特定口座などの課税口座に移さなければなりません。その際は「120万円で購入した」とみなされ、その後130万円で売却すれば10万円の譲渡益に税金がかかることになります。90万円で買付けた株式投資信託が5年後に非課税投資枠に収まる95万円になっていた場合は、売却せずに6年目の新たな非課税口座にロールオーバーすることができます。

▼ 設例

非課税口座から課税口座へ上場株式等を移管した場合の課税関係

1.　取引例
(1)　平成26年8月に非課税口座で上場株式A(100株)を100万円で買付けした。
(2)　平成27年5月に上場株式A(40株)を60万円で売却した。
(3)　残りの上場株式A(60株)は、以下のいずれかの方法を選択した。
　①　非課税期間満了(平成30年末)まで売却しなかったため、平成31年1月1日に特定口座に移管(払出し時の価格は80万円)した。
　②　平成31年分の非課税投資口座に移管(払出し時の価格は80万円)した。

(2) 移管した上場株式Ａ（60株）を、平成33年２月に90万円で売却した。
2. 課税関係
(1) 平成27年の上場株式Ａの譲渡益20万円（60万円－40万円）については、非課税となります。
(2) 取引例(3)の①の場合、平成33年分の譲渡益10万円（90万円－80万円）について、課税されます。
(3) 取引例(3)の②の場合、平成33年分の譲渡益10万円（90万円－80万円）について、非課税となります。

8　20歳以上の子や孫へ金銭を贈与しNISA口座を開設する

　暦年贈与の場合、年間110万円までの贈与は非課税とされていますので、20歳以上の子や孫へ100万円の金銭の贈与を行い、その資金を基に子や孫がNISA口座を開設して非課税投資を行うことができます。非課税口座での売買益や配当金等は５年間非課税とされていますので、税制上のメリットを活用した投資を行うことができます。

9　NISA口座を開設している人が亡くなった場合

　NISA口座を開設している人が亡くなった場合、その後に発生したNISA口座内の配当金等は課税対象となります。また、相続人がこの資産を引き継ぐ際は、死亡時の時価が取得価格となります。

　なお、海外転勤等により出国し、居住地が日本国内でなくなる場合、既に開設されているNISA口座は出国時に廃止され利用できなくなります。

コラム　実際の損益は利益、税務上は損失？

　非課税期間満了の時に、特定口座や一般口座に移管する場合には、その払出し時の価格で取得したことになります。そのため、実際の損益が譲渡益であっても、税務上は譲渡損失になることもあります。

【設例】
1. 非課税口座において1,000円でＢ上場株式を買付け
2. 特定口座又は一般口座に2,000円でＢ上場株式を移管
3. 特定口座又は一般口座において1,500円でＢ上場株式を売却
4. 課税関係

　Ｂ上場株式は、1,000円で買付けて、1,500円で売却したので、実際の損益は500円の譲渡益になります。しかし、税務上は、非課税口座から特定口座又は一般口座へ移管したときに2,000円で売却（譲渡益は非課税）し、あらためて2,000円でＢ上場株式を取得したこととされます。

　そのため、Ｂ上場株式を1,500円で売却すると、税務上は500円の譲渡損失と判定されます。

第2節　有価証券等の譲渡に係る課税関係

1　譲渡があった日

　有価証券等の譲渡があった日は、次のとおり認識されます。

1．一般口座又は特定口座（源泉徴収なし）の場合…原則として、その株式等の引渡しがあった日（受渡日）とされます。ただし、契約の効力発生の日（約定日）に申告することも認められます。

　平成26年の大納会は、12月30日㈫となっていて、通常どおり午後3時までの取引時間までに売却し、契約の効力発生の日を譲渡の日として選択すれば（引渡しは平成27年でも）、平成26年の譲渡収入となります。（所基通36－12）

【所得税基本通達36－12（山林所得又は譲渡所得の総収入金額の収入すべき時期）】
　山林所得又は譲渡所得の総収入金額の収入すべき時期は、山林所得又は譲渡所得の基因となる資産の引渡しがあった日によるものとする。ただし、納税者の選択により、当該資産の譲渡に関する契約の効力発生の日により総収入金額に算入して申告があったときは、これを認める。

2．源泉徴収を行う特定口座（以下、「源泉徴収口座」といいます。）の場合…その株式等の引渡しがあった日（受渡日）とされます。

　源泉徴収口座での譲渡損益計算や税額計算等の基準日は受渡日となります。対象となる取引は、年初第1営業日から年末の最終営業日（平成26年の場合には12月30日㈫）が受渡日となる取引（12月25日㈭までの譲渡）となります。

＊特定口座内保管上場株式等の譲渡の場合の譲渡収入金額とは、特定口座内保管上場株式等に係る源泉徴収選択口座において処理された金額をいいます。(措令25の10の11③)

なお、配当所得の収入金額の収入すべき時期は、その源泉徴収選択口座が開設されている証券会社等から交付を受けた日とされています。(措通(法)37の11の6－2)

2 源泉徴収口座の譲渡所得や配当所得の申告に係る留意点

　源泉徴収口座の譲渡所得等の金額又はその源泉徴収口座の配当所得の金額の申告に当たっては、次の点に注意が必要です。
1．源泉徴収の譲渡所得等の金額又はその源泉徴収口座の配当所得の金額を申告するかどうかは口座ごとに選択できます（１回の売却ごと、１回に支払を受ける配当等ごとの適用はできません。)。
2．源泉徴収口座の譲渡所得等の黒字の金額とその源泉徴収口座の配当所得の金額のいずれかのみを申告することができます。たとえば、非上場株式の譲渡損失がある場合に、源泉徴収口座の譲渡所得等の黒字と譲渡損益計算をすることができます。しかし、配当所得については、確定申告をする必要はありません（申告不要を選択したものとされます。)。
3．源泉徴収口座の譲渡損失の金額を申告する場合には、その源泉徴収口座の配当所得の金額も併せて申告しなければなりません。
4．源泉徴収口座の譲渡所得等の金額又は配当所得の金額を申告した後に、その譲渡所得等の金額又は配当所得の金額を申告しないこととする変更はできません。また、源泉徴収口座の譲渡所得等の金額又は配当所得の金額を含めないで申告した後に、その譲渡所得等の金額又は配当所得の金額を

申告することとする変更もできません。

3 前年以前の上場株式等の譲渡損失に係る更正の請求

「源泉徴収口座」において生じた上場株式等の譲渡損失については、その源泉徴収口座において上場株式等の譲渡益と損益計算がされ、又は、その源泉徴収口座に受け入れた上場株式等の配当等の額の総額から、上場株式等の譲渡損失の金額を控除（損益通算）した金額をもとに、証券会社等によって源泉徴収され納税が完結します。納税者はその内容を含めて確定申告を行うか、申告不要を選択するかを判断して、その源泉徴収口座ごとに選択することが制度として認められています。

そのため、確定申告書を提出する場合に、その特定口座の内容を申告しなかった場合には、申告不要を選択したものとみなされ、更正の請求の対象とすることはできません。

しかし、源泉徴収口座以外の特定口座や一般口座において生じた譲渡損失については、損益通算及び繰越控除に係る確定申告書の提出がなかった場合等の宥恕措置（措法37の12の2④）が設けられていることから、更正の請求によって繰越控除の適用を受けることができます。また、給与所得者などで確定申告をしていなかった者については、申告期限後に一定の書類等を添付して確定申告書を提出することによって、同様に繰越控除の適用を受けることができます。

▼ 設例

甲は、給与所得者で、過去の所得に対する所得税の確定申告はしていません。また、甲は以前から特定口座（源泉徴収ありを選択）によって取引をしていて、過年分の上場株式等に係る譲渡損益は、以下のとおりです。

1. 上場株式等に係る譲渡損失

平成23年　▲100万円
　　平成24年　▲500万円
2. 上場株式等に係る譲渡所得
　　平成25年　400万円
3. 平成25年分の上場株式等に係る譲渡所得に対する期限後申告
　　400万円－100万円＝300万円
　　300万円－500万円＝▲200万円（翌年以降に繰越）

＊　甲は確定申告をしていないことから、期限後申告によって、平成23年分及び平成24年分の上場株式等に係る譲渡損失の確定申告を行うことができます。

＊　平成25年分の確定申告（期限後申告を含みます。）で、平成23年分以後の上場株式等に係る譲渡損失と譲渡損益計算を行うことによって、譲渡した上場株式等の譲渡益に対して源泉徴収された所得税等が還付されます。

　なお、損益通算及び繰越控除に係る確定申告書の提出がなかった場合等の宥恕措置については、平成28年分以後の所得税について廃止されることとなりました。

> ＊宥恕措置（措法37の12の2④）の概要
> 　「税務署長は、確定申告書の提出がなかった場合又は確定申告書に一定の記載若しくは添付がない確定申告書の提出があった場合においても、その提出又は記載若しくは添付がなかったことについてやむを得ない事情があると認めるときは、当該記載をした書類及び一定の書類の提出があった場合に限り、この規定の適用をすることができる」としています。

第3節　配当所得等に係る課税関係

　配当所得とは、株主や出資者が法人から受ける配当や投資信託（公社債投資信託及び公募公社債等運用投資信託以外のもの）及び特定受益証券発行信託の収益の分配などに係る所得をいい、配当所得の金額は、次のように計算します。

　収入金額（源泉徴収される前の金額） － 株式などを取得するための借入金の利子
　＝ 配当所得の金額

（注）　収入金額から差し引くことができる借入金の利子は、株式など配当所得を生ずべき元本のその年における保有期間に対応する部分に限られます。
　　　なお、譲渡した株式に係るものや確定申告をしないことを選択した配当に係るものなどについては、収入金額から差し引くことができる借入金の利子には当たりません。

1　上場株式等の配当等に関する課税関係

　上場株式等の配当等に関する課税関係の主な部分を整理すると、次のとおりです。

	確定申告をする		確定申告をしない（確定申告不要制度適用）
	総合課税を選択	申告分離課税を選択	
借入金利子の控除	あり	あり	なし
税率	累進税率	平成21年1月1日～平成24年12月31日（所得税　7％　地方税　3％） 平成25年1月1日～平成25年12月31日（所得税　7.147％　地方税　3％） 平成26年1月1日～（所得税　15.315％　地方税　5％）	
配当控除	あり	なし	なし

上場株式等の譲渡損失との損益通算	なし	あり	なし
扶養控除等の判定	合計所得金額に含まれる	合計所得金額に含まれる（※）	合計所得金額に含まれない

(注)　平成25年から平成49年までは、復興特別所得税として各年分の基準所得税額の2.1％を所得税と併せて申告・納税することになります。
※　上場株式等に係る譲渡損失と申告分離課税を選択した上場株式等に係る配当所得との損益通算の特例の適用を受けている場合にはその適用後の金額、上場株式等に係る譲渡損失の繰越控除の適用を受けている場合にはその適用前の金額になります。

　上場株式等の配当所得の申告に当たっての留意点は以下のとおりです。
1．配当所得の収入金額の収入すべき時期は、「実際の受取日」ではなく、「その会社の株主総会又は取締役会により定められた配当の効力発生日」とされます。しかし、源泉徴収選択口座が開設されている証券会社等から配当等の交付を受けた場合には、実際の受取日とされています。
2．配当等について確定申告する場合には、必ず「上場株式配当等の支払通知書」等を申告書に添付しなければなりません。そのため、配当等の支払いがあった都度、通常はその支払通知書が送付されてくると思いますので、紛失しないよう保存しておく必要があります。
3．総合課税により確定申告する場合には、内国法人から受ける配当等については、「配当控除」の適用を受けることができます（外国法人やJ-REITからの配当については配当控除の適用はありません。）。しかし、上場株式等の譲渡損失との損益通算の適用は受けることができません。
4．分離課税により確定申告した場合は、上場株式等の譲渡損失との損益通算ができますが、「配当控除」の適用は受けることができません。
5．「確定申告不要」を選択するか、「確定申告する」を選択するかについては、1回に支払を受ける配当等の額ごとに選択可能です（銘柄ごと、又は、同じ銘柄でも中間配当・期末配当ごとの選択ができます。）。
6．確定申告する上場株式等の配当等については、すべて「総合課税」、又は「分離課税」のいずれかを選択しなければなりません（その年について一部

を「総合課税」とし、一部を「分離課税」とすることはできません。)。
7．大口株主（発行済み株式総数３％以上を所有する株主）が受ける配当等については、総合課税によって課税されます（「分離課税」による申告はできません。)。

2　非上場株式等の配当等に関する課税関係と留意点

　非上場株式等の配当等については、支払金額に対して所得税（20.315％）のみが源泉徴収されます。この場合、少額配当等は、確定申告をしないで源泉徴収で済ませる確定申告不要制度があります。
　この制度を選択すると、配当控除や源泉徴収税額の控除を受けられません。
　少額配当とは、１銘柄について１回に支払を受けるべき金額が、次により計算した金額以下であるものをいいます。

10万円×配当計算期間の月数（最高12か月）÷12

※　「配当計算期間」とは、その配当等の直前の支払に係る基準日の翌日から、その配当等の支払に係る基準日までの期間をいいます。

　実務上の留意点としては、少額配当について、所得税では確定申告をしないことが選択できますが、個人市・府県民税では少額配当であっても非上場株式等は総合課税の対象となりますので、申告が必要となります。
　ただし、所得税の確定申告をした場合には、確定申告書第２表「住民税に関する事項」欄に記載すると、個人市・府県民税の申告は不要です。

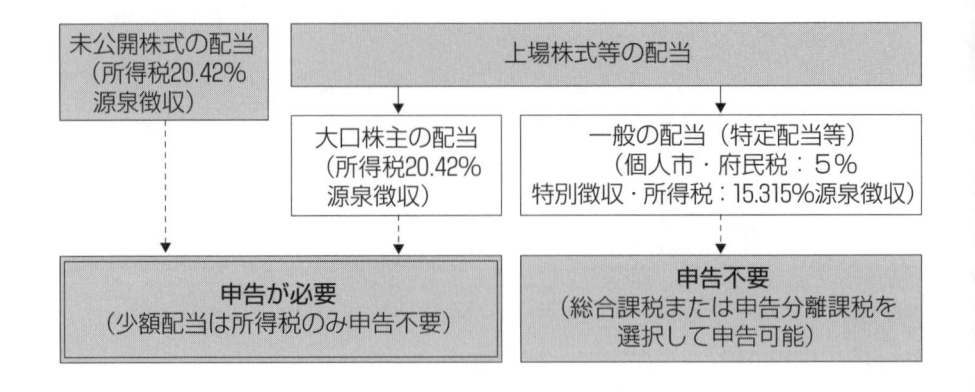

```
┌─────────────────┐     ┌───────────────────────────────────────────────────────┐
│ 未公開株式の配当 │     │               上場株式等の配当                        │
│ (所得税20.42%   │     │                                                       │
│  源泉徴収)      │     │ ┌──────────────┐  ┌─────────────────────────────────┐ │
└────────┬────────┘     │ │大口株主の配当│  │一般の配当(特定配当等)          │ │
         ╎              │ │(所得税20.42%│  │(個人市・府民税:5%              │ │
         ╎              │ │ 源泉徴収)    │  │ 特別徴収・所得税:15.315%源泉徴収)│ │
         ╎              │ └──────┬───────┘  └────────────────┬────────────────┘ │
         ╎              └────────╎───────────────────────────╎──────────────────┘
         ╎                       ╎                           ╎
         ▼                       ▼                           ▼
┌──────────────────────────────────────┐   ┌──────────────────────────────────┐
│          申告が必要                  │   │           申告不要               │
│ (少額配当は所得税のみ申告不要)       │   │ (総合課税または申告分離課税を    │
│                                      │   │    選択して申告可能)             │
└──────────────────────────────────────┘   └──────────────────────────────────┘
```

3　配当所得の申告有利不利の目安

1　上場株式等の配当等に対する源泉徴収

　配当所得は、配当等の支払の際に所得税等が源泉徴収等されます。源泉徴収された所得税は、原則として、その年分の納付すべき所得税額を計算する際に差し引きます。上場株式等の配当等の場合、平成26年1月1日以後に支払いを受けるべき上場株式等の配当等については、15.315%（他に地方税5％）の税率により所得税及び復興特別所得税が源泉徴収されます。

2　配当控除

　総合課税の対象とした配当所得については、一定のものを除き配当控除の適用を受けることができます。配当控除を受けるためには、確定申告が必要です。その際には、配当について源泉徴収された所得税と、この配当控除の額が納付すべき税額の計算上控除されます。

　配当控除は、次の方法により計算した金額です。

(1)　その年分の課税総所得金額が1,000万円以下の場合

　　配当控除の額＝イ＋ロ

イ　剰余金の配当等に係る配当所得（特定株式投資信託の収益の分配に係る

配当所得を含みます。）×10％

ロ　証券投資信託の収益の分配金に係る配当所得（特定株式投資信託の収益の分配に係る配当所得を除きます。以下同じ。）×5％

（証券投資信託の収益の分配に係る配当所得のうち、特定外貨建等証券投資信託以外の外貨建証券投資信託の収益の分配に係る配当所得については、2.5％）

(注)　上記の「課税総所得金額」とは、総所得金額、分離課税の長期（短期）譲渡所得の金額、分離課税の上場株式等に係る配当所得の金額、株式等に係る譲渡所得等の金額及び先物取引に係る雑所得等の金額から、所得控除の合計額を差し引いた金額の合計額をいいます（以下同じ。）。

(2)　その年分の課税総所得金額が1,000万円を超える場合

配当控除の額＝イ×10％＋ロ×5％

イ　剰余金の配当等に係る配当所得の金額－（課税総所得金額－1,000万円）

ロ　剰余金の配当等に係る配当所得の金額－イ

(注)1．イがマイナスとなる場合は0とします。
　　2．証券投資信託の収益の分配金に係る配当所得については、配当控除の控除率が異なる場合があります。

3　上場株式等の配当等を確定申告により総合課税とする場合の有利不利判定

　課税総所得金額が一定額以下の者は、上場株式等の配当等を確定申告し、総合課税を選択すれば有利になることがあります。

課税総所得金額	確定申告（総合課税を選択）する							申告不要を選択する		
	平成26年			平成27年以降			平成26年以降		
	所得税	住民税	合計税率	所得税	住民税	合計税率	所得税	住民税	合計税率
195万円以下	0％	7.2％	7.2％	0％	7.2％	7.2％	15.315％	5％	20.315％
330万円以下	0％	7.2％	7.2％	0％	7.2％	7.2％	15.315％	5％	20.315％
695万円以下	10.21％	7.2％	17.41％	10.21％	7.2％	17.41％	15.315％	5％	20.315％
900万円以下	13.273％	7.2％	20.473％	13.273％	7.2％	20.473％	15.315％	5％	20.315％
1,800万円以下	28.588％	8.6％	37.188％	28.588％	8.6％	37.188％	15.315％	5％	20.315％
4,000万円超	28.588％	8.6％	37.188％	40.84％	8.6％	49.44％	15.315％	5％	20.315％

（注）　復興特別所得税は、配当控除後の所得税額に対して2.1％課されます。

　上記の表によると、平成26年は課税総所得金額が695万円以下の場合に、確定申告をする方が有利（17.41％＜20.315％）と判定されます。
　しかし、確定申告することで配偶者控除や扶養控除の判定や、高齢者の場合には医療費の窓口負担が1割負担から3割負担になるなどの影響が考えられますので、配当所得の確定申告に当たっては、それらを総合的に勘案して慎重に選択しなければなりません。

第4節　譲渡損益計算及び損益通算

上場株式の配当金等と株式等の譲渡損益がある場合の申告方法等のポイントは以下のようになります。

1　損益通算の特例及び繰越控除の特例

1. 特例の対象となる「上場株式等に係る譲渡損失の金額」とは、上場株式等を証券会社等への売委託など一定の方法による譲渡により生じた損失の金額のうち、その年分の株式等に係る譲渡所得等の金額の計算上、控除しても控除しきれない部分の金額に限られる。

▼設例
(1) 上場株式等の譲渡損失　▲100万円
(2) 非上場株式の譲渡益　　60万円
(3) 譲渡損益計算
　　60万円－100万円＝▲40万円（上場株式等に係る譲渡損失の金額）

＊　平成28年1月1日以後の譲渡等から、上場株式等の譲渡損失又は譲渡所得と非上場株式等の譲渡所得又は譲渡損失とは損益通算することができなくなります。

2. 損益通算の対象となる「上場株式等に係る配当所得の金額」は、申告分離課税を選択したものに限られる。

▼設例
(1) 上場株式等に係る譲渡損失の金額　▲30万円
(2) 上場株式等に係る配当所得の金額　80万円
(3) 損益通算　80万円－30万円＝50万円（配当所得の金額・申告分離課税）

＊　上場株式等に係る配当金については、源泉徴収口座内で損益通算された場合には、確定申告不要です。

3．源泉徴収口座の譲渡損失を申告する場合、その源泉徴収口座の配当所得の金額は必ず申告しなければならない。

▼設例1
(1) 源泉徴収口座の上場株式等に係る譲渡損失の金額
　　　　　　　　　　　　　　　　　　　　▲120万円
(2) 源泉徴収口座の上場株式等に係る配当所得の金額
　　　　　　　　　　　　　　　　　　　　50万円
　　　　　　　　　　　　　　　　　　　　損益通算 ▲70万円
(3) 非上場株式等に係る譲渡所得の金額　　200万円
(4) 株式等の譲渡損益計算
　　　　　　200万円－120万円＝80万円（非上場株式の譲渡益）
(5) 上場株式等に係る配当所得の申告（損益通算をリセット）
　　　　　　50万円（申告分離課税又は総合課税の選択可）

▼設例2
(1) 源泉徴収口座の上場株式等に係る譲渡損失の金額
　　　　　　　　　　　　　　　　　　　　▲80万円
(2) 源泉徴収口座の上場株式等に係る配当所得の金額
　　　　　　　　　　　　　　　　　　　　90万円
　　　　　　　　　　　　　　　　　　　　損益通算 10万円
(3) 非上場株式等に係る譲渡所得の金額　　30万円
(4) 株式等の譲渡損益計算
　　　　　　30万円－80万円＝▲50万円（上場株式等の譲渡損失）
(5) 上場株式等に係る配当所得と損益通算
　　　　　　90万円－50万円＝40万円（配当所得・申告分離課税のみ）

4．その年に株式等の譲渡益があり、繰越された上場株式等の譲渡損失の金額を控除する場合、まず非上場株式等の譲渡益から控除し、次いで上場株式等の譲渡益から控除する。なお、控除しきれない損失の金額があるときは、申告分離課税を選択した上場株式等に係る配当所得の金額から控除す

る。

▼ 設例

(1) 上場株式等に係る譲渡損失の繰越額　▲150万円
(2) 上場株式等に係る譲渡所得の金額　　90万円
(3) 非上場株式等に係る譲渡所得の金額　110万円
(4) 株式等の譲渡損益計算　110万円－150万円＝▲40万円
　　　　　　　　　　　90万円－40万円＝50万円（上場株式等の譲渡益）

5．繰越された上場株式等の譲渡損失の金額が前年以前３年以内の２以上の年に生じたものである場合、最も古い年のものから順次控除する。

▼ 設例

(1) 上場株式等に係る譲渡損失の金額

　　平成23年　▲100万円

　　平成24年　▲150万円

　　平成25年　▲250万円

(2) 上場株式等に係る譲渡所得の金額

　　平成26年　300万円

(3) 株式等の譲渡損益計算

　　300万円－100万円＝200万円

　　200万円－150万円＝50万円

　　50万円－250万円＝▲200万円（翌年以降繰越）

6．扶養控除の判定等における「合計所得金額」には、①損益通算の特例を適用する場合はその適用後の金額、②繰越控除の特例の適用を受ける場合にはその適用前の金額で判定される。

▼ 設例

(1) 上場株式等に係る譲渡損失の金額　　▲50万円

(2) 上場株式等に係る配当所得の金額　　　90万円
(3) 上場株式等に係る譲渡損失の繰越額　▲60万円
(4) 上場株式等に係る配当所得と損益通算

　　　　90万円－50万円＝40万円

　　　　40万円－60万円＝▲20万円（上場株式等の譲渡損失）

(5) 合計所得金額の判定

　　　　90万円－50万円＝40万円＞38万円　∴扶養控除の適用不可

2　申告分離課税の特例及び申告不要の特例

　上場株式等の配当所得について、申告分離課税か申告不要のいずれを選択するかについては、以下の点に留意して選択しなければなりません。

1．申告する上場株式の配当のすべてについて、総合課税か申告分離課税のいずれかを選択しなければならない。
2．上場株式に係る配当の申告不要の特例の適用単位は、1回に支払を受ける配当の額ごととなり、その金額に上限はない。ただし、内国法人から支払を受ける上場株式の配当であっても、大口株主等（発行済株式等の3％以上を保有する個人）が支払を受けるものは申告不要とすることはできない。
3．源泉徴収口座の配当所得の金額に係る申告不要の特例を適用する場合、その源泉徴収口座の配当ごとになることから、その源泉徴収口座の配当について一部のみを申告不要とすることはできない。
4．申告分離課税を選択した配当には、配当控除は適用できない。
5．上場株式の配当を申告する場合、その支払通知書や特定口座年間取引報告書などを申告書に添付しなければならない。
6．申告分離課税、総合課税にかかわらず、申告する場合のその配当は、扶

養控除の判定等における「合計所得金額」に含まれる。
7．申告分離課税を選択した配当には、不動産所得、事業所得等の金額の計算上生じた損失の金額との損益通算をすることができない。

③ 譲渡損益計算及び損益通算のルール

　上場株式等を、金融商品取引業者等を通じて売却したこと等により生じた損失（以下「上場株式等に係る譲渡損失」といいます。）の金額がある場合は、平成21年分以降、確定申告により、その年分の上場株式等に係る配当所得の金額（申告分離課税を選択したものに限ります。以下同じ。）と損益通算ができます。また、損益通算してもなお控除しきれない損失の金額については、翌年以降3年間にわたり、確定申告により株式等に係る譲渡所得等の金額及び上場株式等に係る配当所得の金額から繰越控除することができます。
　なお、上場株式等に係る譲渡損失の繰越控除については、まず株式等に係る譲渡所得等の金額から控除し、なお控除しきれない損失の金額があるときは、上場株式等に係る配当所得の金額から控除します。
　設例により、具体的な取扱いについて確認することとします。

▼設例1
平成26年中に非上場の株式等に係る譲渡所得の金額と上場株式等に係る譲渡損失の金額及び上場株式等に係る配当所得の金額がある場合
　①　非上場株式等に係る譲渡所得の金額
　　　　　　　　　　　　　100万円（甲社120万円・乙社△20万円）
　②　上場株式等に係る譲渡損失の金額
　　　　　　　　　　　　　△140万円（A株式30万円・B株式△170万円）
　③　上場株式等に係る配当所得の金額　50万円
　④　譲渡損益計算及び損益通算

$$100万円 - 140万円 = △40万円 → 50万円 - 40万円 = 10万円$$

* 損益通算後の所得は、上場株式等に係る配当所得となることから20.315％（所得税15.315％・住民税5％）の税率で課税されます。

▼設例2

平成26年中に、上場株式等に係る譲渡損失の金額と、非上場株式等に係る譲渡損益がある場合

① 上場株式等に係る譲渡損失の金額　▲300万円

② 非上場株式等（甲社）に係る譲渡損失の金額　▲90万円

③ 非上場株式等（乙社）に係る譲渡所得の金額　60万円

④ 株式等に係る譲渡所得等の金額

$$▲300万円 + （▲90万円 + 60万円） = ▲330万円$$

⑤ 上場株式等の譲渡損失の金額

$$▲300万円 < ▲330万円 \quad ∴ ▲300万円（翌年以降3年間繰越控除）$$

▼設例3

平成25年分の上場株式等に係る譲渡損失の繰越控除があり、平成26年中に上場株式等に係る譲渡所得の金額と非上場株式に係る譲渡所得の金額がある場合

① 上場株式等に係る譲渡損失の繰越控除の金額　▲150万円

② 上場株式等に係る譲渡所得の金額　90万円

③ 非上場株式等に係る譲渡所得の金額　80万円

④ 繰越控除　$80万円 - 150万円 = △70万円 → 90万円 - 70万円 = 20万円$

* 繰越控除の金額は、まず非上場株式等に係る譲渡所得の金額から控除し、控除しきれない金額を上場株式等に係る譲渡所得の金額から控除することとされています。そのため、20万円の譲渡益は上場株式等に係る譲渡所得の金額として20.315％の税率で課税されます。

* 配偶者控除や控除対象扶養親族の判定は、繰越控除適用前の所得金額で判定するため、このケースでは、合計所得金額は170万円と判定され、確定申告することにより、それらの控除の適用を受けることができなくなります。

▼設例4

平成25年分の上場株式等に係る譲渡損失の繰越控除があり、平成26年中に

上場株式等に係る譲渡損益と非上場株式等に係る譲渡損失の金額がある場合

① 上場株式等に係る譲渡損失の繰越控除の金額　△120万円

② 上場株式等譲渡損益　A株　100万円　B株　△150万円

③ 非上場株式等に係る譲渡所得の金額　250万円

④ 譲渡損益計算＆繰越控除

　　100万円－150万円＝△50万円→250万円－50万円＝200万円

　　200万円－120万円＝80万円（20.315％の税率で課税）

＊　まず、平成26年中の株式等の譲渡損益計算をした後に、繰越控除の適用をします。
＊　この場合、上場株式等の譲渡損益計算をし、次いで非上場株式等の譲渡損益と譲渡損益計算を行います。

▼ 設例5

平成25年分の上場株式等に係る譲渡損失の繰越控除があり、平成26年中の上場株式等の譲渡損失と配当所得がある場合

① 上場株式等に係る譲渡損失の繰越控除の金額　△120万円

② 上場株式等に係る譲渡損失の金額　△80万円

③ 上場株式等に係る配当所得の金額　45万円

④ 損益通算＆繰越控除

　　45万円－80万円＝△35万円→△120万円＋△35万円＝△155万円

　　　　　　　　　　　　　　　　　　　　　　（翌年以降繰越し可能）

＊　上場株式等に係る配当所得の金額は、損益通算の適用後の金額とされていますので、先に平成26年中の損益通算を行います。この場合、損益通算後の所得金額は△35万円であることから、他に所得がない場合などでは配偶者控除や控除対象扶養親族の対象者となります。

> **コラム** 特定口座で保管されていた上場株式等を相続等又は贈与により移管する場合

　被相続人や贈与者の特定口座で保管されていた上場株式等を、相続等又は贈与により相続人等や受贈者の特定口座に移管する場合に関する取扱いについて、特定口座間移管が認められる例としては、以下のようなものがあります。
1　相続等に伴う特定口座内の上場株式等の移管
　被相続人が有する特定口座にある同一銘柄の上場株式等のうち、その全部を相続人が相続する場合には、その相続人が相続した当該銘柄の株式等の全部を相続人の特定口座に移管することができます。
　また、同一銘柄の上場株式等の全部を複数の相続人が分割して相続する場合には、複数の相続人がそれぞれ相続した当該銘柄の株式等の全部を複数の相続人の特定口座にそれぞれ移管することができます。
　以上の場合において、被相続人と相続人が異なる証券会社で開設している特定口座であっても移管することができます（贈与に伴う移管の場合も同様です。）。
2　贈与に伴う特定口座内の上場株式等の移管
　個人が特定口座にある同一銘柄の上場株式等のうち全部を贈与する場合には、受贈者は贈与を受けた当該銘柄の株式等の全部をその受贈者の特定口座に移管することができます。
　また、贈与者が所有する同一銘柄の上場株式等のうち一部の贈与が行われる場合、受贈者が特定口座内にその贈与を受ける銘柄の株式等を保有していないときは、受贈者はその贈与を受けた株式等を、受贈者自身の特定口座に移管することができます。

> **コラム** 死亡した者の特定口座

　源泉徴収口座の株式等を譲渡した場合の譲渡益や配当等については、所得税と住民税が他の所得と分離して課税され特別徴収されます。
　しかし、当年の途中で死亡した者は、翌年1月1日に住所を有しないことから本来住民税は課されないはずですが、死亡した年に特別徴収された「道府県民税株式等譲渡所得割」や「道府県民税配当割」は還付されません。
　これは、特別徴収された「道府県民税株式等譲渡所得割」や「道府県民税配当割」相当額の税額控除、充当又は還付については、納税義務者が翌年度に上場株

式等の譲渡所得等の申告又は配当所得の申告をした場合に限り適用される制度であり、当年中に死亡した場合には、翌年度の納税義務者に該当しないため、税額控除、充当又は還付の適用を受けることができないからです。

一方、源泉徴収口座開設者が死亡した後において、死亡したことを証券会社等に通知していなかった場合に、株式数比例配分方式によって源泉徴収口座で配当金を受け入れるように手続きがされているときには、配当金はその源泉徴収口座に入金されます。そして、その年分において、その口座開設者が死亡した日以前に源泉徴収口座の株式等の譲渡があって譲渡損失である場合には、源泉徴収口座で自動的に損益通算されています。

相続開始後は、その口座開設者の配当所得ではないので、死亡した口座開設者の上場株式等の譲渡損失とは損益通算することができないはずです。

しかし、所得税の更正処分等が現実には行われていないように思いますが…

コラム　出国した者の特定口座

「特定口座開設届出書」を提出した居住者等が、出国により居住者等に該当しなくなった場合には、「特定口座廃止届出書」が証券会社等に提出されたものとみなされ、特定口座は廃止されたものとみなされます。

しかし、特定口座を開設している者が、出国前に「特定口座継続適用届出書」を提出すれば、「出国口座」が開設され、特定口座内において保管されていた上場株式等は、引き続きその出国口座において保管されます。そして、その者が帰国後に「特定口座開設届出書」及び「出国口座内保管上場株式等移管依頼書」を提出すれば、出国前の特定口座内において保管されていた上場株式等は、再び特定口座に預け入れ、特定口座の利用を再開することができます。

なお、出国口座から特定口座に移管することができる上場株式等は、出国の日から「出国口座内保管上場株式等移管依頼書」を提出する日までの間に、その出国口座への受入れ又は払出しが行われない場合（一定のものを除きます。）におけるその上場株式等と同一銘柄の上場株式等とされています。

> **コラム** 特定口座内保管上場株式等が上場株式等に該当しなくなった場合の特例
>
> 　株式の発行会社の破産等により個人が所有する株式の価値が失われたとしても、それによる損失は原則として他の株式等の譲渡益や給与所得など他の所得の金額から控除することはできません。
>
> 　しかし、特定口座に保管されていた内国法人の上場株式が、上場廃止となった日以後、特定管理株式又は特定保有株式に該当していた場合で、その株式を発行した株式会社に清算結了等の一定の事実が生じた時は、その株式の譲渡があったものとして、その株式の取得価額を譲渡損失の金額とみなす特例があります。この特例により譲渡損失とみなされた金額は、その年の他の株式等の譲渡益から控除できます。
>
> 　なお、その譲渡損失とみなされた金額が他の株式等の譲渡益から控除しきれなかったとしても、その金額を翌年以降に繰り越すことはできません。また、申告分離課税の上場株式等の配当所得との損益通算をすることもできません。

第3章 証券税制を活用した資産対策はこうする

金融所得課税の一体化（25年度改正）

○ 税負担に左右されずに金融商品を選択できるように、税率等の課税方式を均衡化することが適当。
○ 金融商品間の垣根が低くなり、金融商品からのキャッシュフローを様々な所得分類に加工可能となっており、税率等の課税方式を均衡化することが公正・中立・簡素の観点から必要。

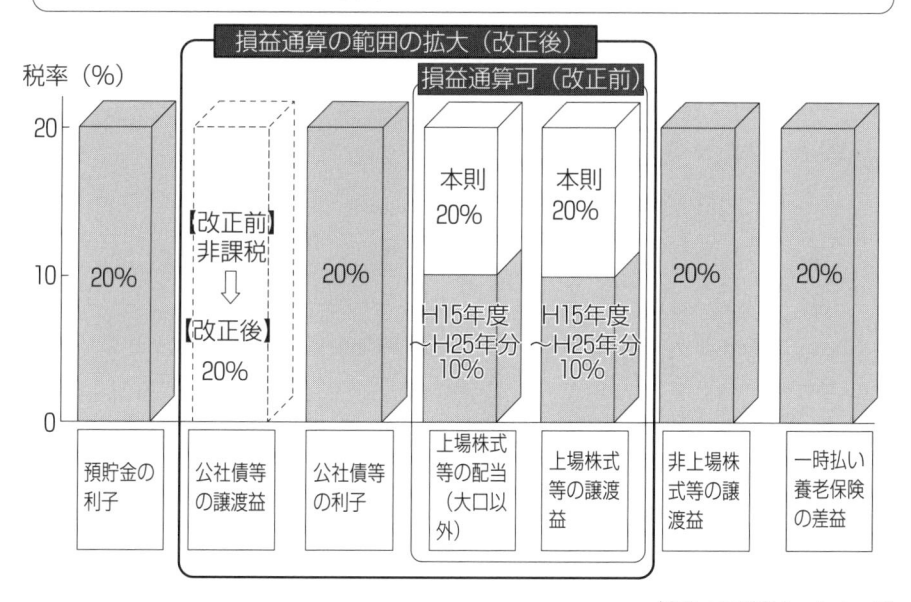

損益通算の範囲の拡大（改正後）
損益通算可（改正前）

税率（%）

預貯金の利子	公社債等の譲渡益	公社債等の利子	上場株式等の配当（大口以外）	上場株式等の譲渡益	非上場株式等の譲渡益	一時払い養老保険の差益
20%	【改正前】非課税 ⇒ 【改正後】20%	20%	本則20% / H15年度〜H25年分 10%	本則20% / H15年度〜H25年分 10%	20%	20%

（出典：財務省ホームページ）

（注）上図は復興特別所得税は考慮していません。

第5節　番号法と社会保障

　平成25年5月24日に、社会保障・税番号制度（以下、番号制度といいます。）を規定した「行政手続における特定の個人を識別するための番号の利用等に関する法律」（以下、番号法といいます。）が、参議院本会議で可決、成立し、同30日に公布されました。以後は政省令等の整備が順次進められていきます。平成26年には第三者機関として特定個人情報保護委員会が設置され、業務を開始します。平成27年には個人及び法人等に順次番号等の通知を行い、平成28年1月以降において、個人番号カードの交付を開始するとともに、社会保障分野、税分野及び災害対策分野のうち可能な範囲で番号等の利用が開始される予定です。税分野では申告書や法定調書等への番号の記載が平成28年1月から早速行われることとなり、社会保障分野では、まずは年金に関する相談・照会等の手続から利用を開始して順次範囲を広げていく見通しです。

　番号制度は、社会保障や税の公平性を向上させ、行政を効率化することを目的としています。番号制度の施行によって、個人やその世帯の所得や資産の状況を把握する精度が高まることとなり、社会保障の給付を受ける際にも活用されます。そこで、現状における社会保障の給付等を受ける際の所得制限等についてその概要を確認することとします。

1　番号制度の概要

　毎年1兆円の自然増が見込まれる公的年金や健康保険などの社会保障の原資の確保のために消費税の税率を引上げることとしていますが、併せて給付のあり方についても無駄を省き、不正受給を防止することが喫緊の課題でもあります。

そこで、国民に一定の負担を求める社会保障や税の分野では、制度・運営の効率化や透明性を高め、給付や負担に対して公平・公正を実感できるようにするために、番号制度が導入されることとなりました。

番号制度の活用事務については、個人番号を付番する事務の範囲を制度導入当初は以下のように規定し、順次拡大を図ることとしています。

社会保障分野
1　年金分野
年金の資格取得・確認、給付を受ける際に利用。 ・国民年金法、厚生年金保険法による年金である給付の支給に関する事務 ・国家公務員共済組合法、地方公務員等共済組合法、私立学校教職員共済法による年金である給付の支給に関する事務 ・確定給付企業年金法、確定拠出年金法による給付の支給に関する事務 ・独立行政法人農業者年金基金法による農業者年金事業の給付の支給に関する事務等
2　労働分野
雇用保険等の資格取得・確認、給付を受ける際に利用。ハローワーク等の事務等に利用。 ・雇用保険法による失業等給付の支給、雇用安定事業、能力開発事業の実施に関する事務 ・労働者災害補償保険法による保険給付の支給、社会復帰促進等事業の実施に関する事務等
3　福祉・医療・その他分野
医療保険等の保険料徴収等の医療保険者における手続、福祉分野の給付、生活保護の実施等低所得者対策の事務等に利用。 ・児童扶養手当法による児童扶養手当の支給に関する事務 ・母子及び寡婦福祉法による資金の貸付け、母子家庭自立支援給付金の支給に関する事務 ・障害者総合支援法による自立支援給付の支給に関する事務 ・生活保護法による保護の決定、実施に関する事務 ・介護保険法による保険給付の支給、保険料の徴収に関する事務 ・健康保険法、船員保険法、国民健康保険法、高齢者の医療の確保に関する法律による保険給付の支給、保険料の徴収に関する事務 ・独立行政法人日本学生支援機構法による学資の貸与に関する事務 ・公営住宅法による公営住宅、改良住宅の管理に関する事務
税分野
国民が税務当局に提出する確定申告書、届出書、調書等に記載。当局の内部事務等に利用。

災害対策分野
被災者生活再建支援金の支給に関する事務等に利用。
上記の他、社会保障、地方税、防災に関する事務その他これらに類する事務であって地方公共団体が条例で定める事務に利用。

2 番号制度導入による社会保障給付に関するメリット

　社会保障の給付や負担の状況に関する情報を、国・地方公共団体等相互で、正確かつ効率的にやり取りすることで、個人や世帯の状況に応じたきめ細やかな社会保障給付の実現が可能になります。

1　傷病手当金と厚生年金等の併給調整

　現状、障害厚生年金の支給を受けることができる場合、傷病手当金は減額又は支給されないこととされています。そのため、年金額を証する書類の提出を求めており、この書類に基づき支給額を判断することとされています。今後は、年金額を証する書類の添付を省略し、情報提供ネットワークシステムを通じて、年金受給情報を年金保険者に照会して、確認を行います。このような情報に基づき支給を行うことで、より適正な給付を確保することができるようになります。なお、全国健康保険協会の場合、平成23年10月の傷病手当金の支給は約8万件、うち老齢年金又は退職共済年金受給に伴う減額は約3千件となっています。

2　老齢厚生年金の加給年金額の加算に関する手続

　現状では、老齢厚生年金に加給年金額の加算を行う条件を満たしているか確認するために、住民票や所得証明書等の添付書類に基づき審査を行っています。今後は、情報提供ネットワークシステムを通じて世帯情報、所得情報等を照会して、確認を行います。このような情報に基づき審査をすることにより、添付書類の省略が可能となり、かつ、より適正な給付を確保すること

ができるようになります。

3　生活保護の不正受給の防止

　情報提供ネットワークシステムの活用により、各行政機関が保有する、所得情報などの把握が容易となります。

　現状、保護の決定のため預貯金・保険・不動産等の資産調査、扶養義務者による扶養の可否の調査、年金等の社会保障給付・就労収入等の調査等を実施しています。今後は、必要に応じて情報提供ネットワークシステムを通じて、保護の決定実施に関する情報を他市町村等に照会して、確認を行います。このような情報等に基づき保護の決定・実施をすることで、より適正な給付を確保することができるようになります。

❸ 番号制度導入による所得の過少申告等の防止

　番号制度導入により、税務当局が取得する各種所得情報や扶養情報について、「個人番号」又は「法人番号」を用いて効率的に名寄せ・突合することが可能となり、より正確な所得把握ができるようになることで、所得の過少申告や税の不正還付等を効率的に防止・是正できるようになります。

　例えば、所得税及び住民税の賦課・徴収に関して、扶養控除のダブル適用の是正に係る事務については、現状では、被扶養者の氏名・住所による名寄せを行っているため、不正還付等の防止・是正に多大な事務が必要となり、名寄せ・突合が非常に困難なものとなっていました。番号制度の導入により、今後、個人番号による正確かつ効率的な名寄せ・突合が可能となるため、税の不正還付等を効率的に防止・是正することができるようになります。

4 番号法により所得情報等の提供を予定している事務

番号法の別表第二において、情報提供を受ける事務として115の事務が規定され、そのうち53の事務に所得情報等の地方税関係情報の提供が規定されています。

所得情報等の地方税関係情報を提供する具体例は以下のようなものです。

利用者負担の決定や給付の受給要件の確認に、現在は所得証明等により確認していますが、番号制度の導入後は、情報提供ネットワークシステムを通じて照会することが可能となります。

分野	提供先	具体的な事務
年金	厚生労働大臣	国民年金保険料の免除申請に関する事務、老齢厚生年金・障害厚生年金の加給年金額の加算に関する事務、遺族厚生年金等の裁定請求に関する事務
医療・介護（健康保険）	全国健康保険協会、健康保険組合	健康保険法による高額療養費の決定に関する事務、高額医療・高額介護合算制度に関する事務、入院時食事療養費等の決定に関する事務
医療・介護（国民健康保険）	市町村長、国民健康保険組合	国民健康保険法による保険給付の支給又は保険料の徴収に関する事務
福祉（児童福祉）	都道府県知事、市町村長	児童福祉法による小児慢性特定疾患治療研究事業、助産の実施に要する費用の徴収に関する事務
福祉（児童扶養手当）	都道府県知事等	児童扶養手当の支給に関する事務
福祉（老人福祉）	市町村長	老人福祉法による養護老人ホームに入所する際の利用者負担の決定に関する事務
福祉（養育医療）	市町村長	母子保健法による未熟児への養育医療の給付に関する事務
福祉（障害者福祉）	都道府県知事、市町村長	障害者自立支援法による自立支援給付に関する事務

労働等 (職業訓練)	厚生労働大臣	職業訓練の実施等による特定求職者の就職の支援に関する法律による職業受講給付金の支給に関する事務
労働等 (学資の貸与)	独立行政法人日本学生支援機構	独立行政法人日本学生支援機構による学資の貸与に関する事務

5 番号法と法定調書

　法定調書とは、「所得税法」、「相続税法」、「租税特別措置法」及び「内国税の適正な課税の確保を図るための国外送金等に係る調書の提出等に関する法律」の規定により税務署に提出が義務づけられている書類をいいます（平成25年4月1日現在58種類の法定調書があります。）。

　番号法では、法定調書には、個人番号を記載しなければならないとされています。

1　主な法定調書の提出義務者

(1)　「給与所得の源泉徴収票」は、俸給、給料、賃金、歳費、賞与などの給与等の支払をする方です。

(2)　「退職所得の源泉徴収票」は、役員等に対して退職手当、一時恩給その他これらの性質を有する給与等の支払をする方です。

　　ただし、死亡退職により退職手当等を支払った場合は、相続税法の規定による「退職手当金等受給者別支払調書」を提出することになりますので、「退職所得の源泉徴収票」は提出する必要はありません。

(3)　「報酬、料金、契約金及び賞金の支払調書」は、外交員報酬、税理士報酬などの報酬、料金、契約金及び賞金の支払をする方です。

(4)　「不動産の使用料等の支払調書」は、不動産、不動産の上に存する権利、総トン数20トン以上の船舶、航空機の借受けの対価や不動産の上に存する権利の設定の対価の支払をする法人と不動産業者である個人です。

(5) 「不動産等の譲受けの対価の支払調書」は、不動産、不動産の上に存する権利、総トン数20トン以上の船舶、航空機の譲受けの対価の支払をする法人と不動産業者である個人です。

(6) 「不動産等の売買又は貸付けのあっせん手数料の支払調書」は、不動産、不動産の上に存する権利、総トン数20トン以上の船舶、航空機の売買又は貸付けのあっせん手数料の支払をする法人と不動産業者である個人です。

2　所得税法に規定する法定調書

(1) 給与所得の源泉徴収票
(2) 退職所得の源泉徴収票
(3) 報酬、料金、契約金及び賞金の支払調書
(4) 不動産の使用料等の支払調書
(5) 不動産の譲受けの対価の支払調書
(6) 不動産等の売買又は貸付けのあっせん手数料の支払調書
(7) 利子等の支払調書
(8) 国外公社債等の利子等の支払調書
(9) 配当、剰余金の分配及び基金利息の支払調書
(10) 国外投資信託等又は国外株式の配当等の支払調書
(11) 投資信託又は特定受益証券発行信託収益の分配の支払調書
(12) オープン型証券投資信託収益の分配の支払調書
(13) 配当等とみなす金額に関する支払調書
(14) 定期積金の給付補てん金等の支払調書
(15) 匿名組合契約等の利益の分配の支払調書
(16) 生命保険契約等の一時金の支払調書
(17) 生命保険契約等の年金の支払調書
(18) 損害保険契約等の満期返戻金等の支払調書
(19) 損害保険契約等の年金の支払調書
(20) 保険等代理報酬の支払調書

⑴ 無記名割引債の償還金の支払調書
⑵ 非居住者等に支払われる組合契約に基づく利益の支払調書
⑶ 非居住者等に支払われる人的役務提供事業の対価の支払調書
⑷ 非居住者等に支払われる不動産の使用料等の支払調書
⑸ 非居住者等に支払われる借入金の利子の支払調書
⑹ 非居住者等に支払われる工業所有権の使用料等の支払調書
⑺ 非居住者等に支払われる機械等の使用料の支払調書
⑻ 非居住者等に支払われる給与、報酬、年金及び賞金の支払調書
⑼ 非居住者等に支払われる不動産の譲受けの対価の支払調書
⑽ 株式等の譲渡の対価等の支払調書
⑾ 交付金銭等の支払調書
⑿ 信託受益権の譲渡の対価の支払調書
⒀ 公的年金等の源泉徴収票
⒁ 信託の計算書
⒂ 有限責任事業組合等に係る組合員所得に関する計算書
⒃ 名義人受領の利子所得の調書
⒄ 名義人受領の配当所得の調書
⒅ 名義人受領の株式等の譲渡の対価の調書
⒆ 譲渡性預金の譲渡等に関する調書
⒇ 新株予約権の行使に関する調書
㉑ 株式無償割当てに関する調書
㉒ 先物取引に関する支払調書
㉓ 金地金等の譲渡の対価の支払調書
㉔ 外国親会社等が国内の役員等に供与等をした経済的利益に関する調書

3　相続税法に規定する法定調書

㉕ 生命保険金・共済金受取人別支払調書
㉖ 損害（死亡）保険金・共済金受取人別支払調書

⑷7　退職手当金等受給者別支払調書

⑷8　信託に関する受益者別（委託者別）調書

⑷9　教育資金管理契約の終了に関する調書

4　租税特別措置法に規定する法定調書

㊿　上場証券投資信託等の償還金等の支払調書

(51)　特定新株予約権等・特定外国信託予約権の付与に関する調書

(52)　特定株式等・特定外国株式の異動状況に関する調書

(53)　特定口座年間取引報告書

(54)　非課税口座年間取引報告書（平成26年1月1日から施行）

(55)　特定振替国債等の譲渡対価の支払調書

(56)　特定振替国債等の償還金等の支払調書

5　国外送金等調書法に規定する法定調書

(57)　国外送金等調書

(58)　国外財産調書（平成26年1月1日から施行）

（注）　国外送金等調書法とは、「内国税の適正な課税の確保を図るための国外送金等に係る調書の提出等に関する法律」のことをいいます。

　さらに、平成28年からは、特定公社債等と上場株式等の損益通算が可能となり、課税が一体化されることに伴う措置として、特定公社債・公募公社債投資信託の利子・分配金や譲渡代金について新たに支払調書が提出しなければならないこととされています。

　上場株式の配当金については、発行会社から配当が支払われる場合は、支払調書は発行会社が提出することとされています。そのため、証券会社が顧客の個人番号を証券保管振替機構に伝達し、必要に応じて証券保管振替機構が発行会社に伝達することとされています。

　証券会社・金融機関は、番号法において個人番号を取得する義務はないとされていますが、税法上、顧客への利子、配当、株式の譲渡代金、先物の差金決済等の支払いなどが行われる場合は、支払調書の提出義務が課されて

第3章 証券税制を活用した資産対策はこうする

【参考資料：主要国における法定資料制度の概要（個人）】

(2013年1月現在)

		日本	アメリカ	イギリス	フランス
フロー	金融所得				
	・利子	×（源泉分離課税）	○	○	○
	・配当	○	○	○	○
	・株式譲渡	○	○	○	○
	事業所得	×	×	×	×
	給与所得	○	○	○	○
	不動産譲渡	○	○	○	○
	国内送金、預金の入出金	×	○	×	×
	海外送金	○	○	×	×（ただし、記録保存義務あり）
ストック	金融資産（注1）				
	・預貯金口座開設	×	×	×	○
	・株式保有	×	×	○	×
	不動産	×	×	×	×
	貴金属	×	×	×	×
	海外資産（注2）	○	○	○	○

（注1） 金融資産については、基本的にマネロン対策のための法律に基づき、口座開設時に本人確認及び同記録保存義務が金融機関に課せられており、その情報を税務当局も利用することができる。また、各国とも、口座残高情報については法定資料の対象外。
（注2） 海外資産に関する資料は原則として納税者本人が提出。

（出典：税制調査会資料　政府税制調査会委員井伊雅子氏作成）

いることから、支払調書に個人番号を記載するために個人番号を取得する必要が生じることとなります。

そのため、既存顧客に対しても、平成28年1月1日以後の利子、配当等の支払等から個人番号の記載が必要となります。

また、特定口座やNISAの開設時も個人番号が必要とされています。既存の特定口座やNISAについても個人番号が必要とされていますが、一時期に手続きが殺到することが予想されることから、平成31年1月1日以後に株式等の譲渡等や配当の受け入れをする日までに個人番号を確認すれば良いとされています。

なお、預金口座については、預金の利子は支払調書の提出義務はないことから、番号法施行後も金融機関は個人番号を取得する必要はないとされています。

6 各種社会保障の給付を受ける場合の所得金額

社会保障における各種給付を受ける場合の所得金額とは、収入金額、合計所得金額又は総所得金額等と規定されていたりします。そこで、それらの所得金額等について確認しておきます。

1 総所得金額

総所得金額とは、純損失、雑損失、居住用財産の買換え等の場合の譲渡損失、特定居住用財産の譲渡損失の繰越控除後の次の所得の合計額をいいます。

(1) 利子所得、配当所得、不動産所得、事業所得、給与所得の金額、雑所得及び総合課税の短期譲渡所得の金額
(2) 総合課税の長期譲渡所得及び一時所得の金額
　（総合課税の長期譲渡所得と一時所得は、合計額の2分の1で計算します。）

2 総所得金額等

総所得金額等とは、純損失、雑損失、居住用財産の買換え等の場合の譲渡損失、特定居住用財産の譲渡損失の繰越控除後の次の所得の合計額をいいます（市・県民税所得割の非課税判定の基準になります。）。

(1) 総所得金額
(2) 分離課税の土地建物等の譲渡所得の金額（特別控除適用前）
(3) 分離課税の株式等に係る譲渡所得の金額（上場株式等に係る譲渡損失の繰越控後除及び特定株式に係る譲渡損失の繰越控除後）
(4) 分離課税の上場株式等に係る配当所得の金額（上場株式に係る譲渡損失の損益通算後及び繰越控除後）
(5) 分離課税の先物取引に係る雑所得等の金額（先物取引の差金等決済に係る損失の繰越控除後）
(6) 退職所得金額（2分の1後）
(7) 山林所得金額（特別控除後）

3 合計所得金額

合計所得金額とは、純損失、雑損失、居住用財産の買換え等の場合の譲渡損失や特定居住用財産の譲渡損失の繰越控除前の総所得金額等の金額をいいます（市・県民税均等割の非課税判定及び扶養親族や各種控除の判定の基準になります。）。

【参考：合計所得金額、総所得金額、総所得金額等の概念図】

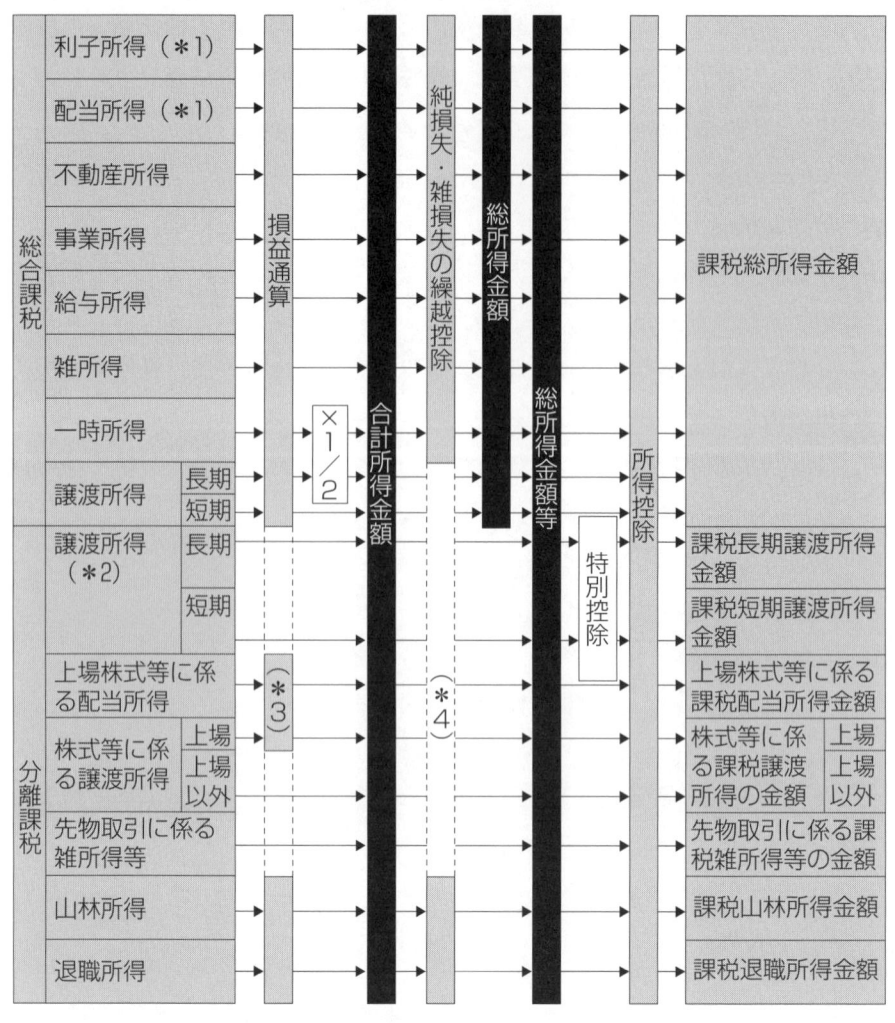

総合課税	利子所得（＊1）		→	損益通算	×1/2	合計所得金額	純損失・雑損失の繰越控除	総所得金額	総所得金額等	特別控除	所得控除	課税総所得金額	
	配当所得（＊1）												
	不動産所得												
	事業所得												
	給与所得												
	雑所得												
	一時所得												
	譲渡所得	長期											
		短期											
分離課税	譲渡所得（＊2）	長期		（＊3）			（＊4）					課税長期譲渡所得金額	
		短期										課税短期譲渡所得金額	
	上場株式等に係る配当所得											上場株式等に係る課税配当所得金額	
	株式等に係る譲渡所得	上場										株式等に係る課税譲渡所得の金額	上場
		上場以外											上場以外
	先物取引に係る雑所得等											先物取引に係る課税雑所得等の金額	
	山林所得											課税山林所得金額	
	退職所得											課税退職所得金額	

＊1　一律分離課税の適用を受けているものを除きます。
＊2　居住用財産の買替え等の場合の譲渡損失がある場合は、損益通算及び繰越控除ができます。
＊3　上場株式等に係る譲渡損失がある場合は、その年分の上場株式等に係る配当所得と損益通算できます。また、損益通算しても控除しきれない損失がある場合は、株式等に係る譲渡所得と上場株式等に係る配当所得から繰越控除ができます。
＊4　雑損失の繰越控除のみ可能

　その他、収入金額によって判定される社会保障の給付もあります。

収入金額とは、必要経費を差引く前の（総）収入金額をいいます。
⑴ 給与等の収入金額とは、給与等の収入金額から給与所得控除額を引く前の金額をいいます。源泉徴収票の「支払金額」で確認できます。
⑵ 年金等の収入金額とは、年金の収入金額から公的年金等控除額を差し引く前の金額をいいます。
⑶ 不動産所得における総収入金額とは、具体的には、土地や建物を貸している場合の地代、家賃、権利金、礼金などの収入です。また、土地に借地権を設定して賃貸する収入も総収入金額となります。

なお、総収入金額には、貸付けによる賃貸料収入のほかに、①名義書換料、承諾料、頭金などの名目で受領するもの、②共益費などの名目で受け取る電気代、水道代や掃除代など、③敷金や保証金などのうち、返還を要しないものも含まれます。

コラム　収入金額と総収入金額の違い

　利子所得、配当所得、給与所得、退職所得、公的年金等に係る雑所得については、その収益の内容が比較的単純なので、「収入金額」という用語が用いられています。
　不動産所得、事業所得、山林所得、譲渡所得、雑所得（公的年金等を除く雑所得）、一時所得については、その収益の内容が副収入や付随収入などを伴って複雑な場合が多いことから、「総収入金額」という用語が用いられています。
- 収入金額→利子所得、配当所得、給与所得、退職所得、公的年金等に係る雑所得
- 総収入金額→不動産所得、事業所得、山林所得、譲渡所得、雑所得（公的年金等を除く雑所得）、一時所得

なお、社会保障制度改革国民会議の報告書によると、「これまでの「年齢別」から、「負担能力別」に負担の在り方を切り替え、社会保障・税番号制度も活用し、資産を含め負担能力に応じて負担する仕組みとしていくべきである。」としています。

そのことから、固定資産に番号を付与し、複数の自治体に分散する固定資産を容易に把握することができる仕組みに変えていくことが予想されます。

7 社会保障給付における所得制限等

所得金額や収入金額が社会保障に及ぼすこととなる一例を挙げ、参考に資することとします。

1 医療費の窓口負担割合（収入金額で判定）

医療費の窓口負担割合は、前年の所得を基に、8月から翌年7月までの負担割合を判定します。70歳以上の医療費の窓口負担は本来1割ですが、①住民税の課税所得が145万円以上である、②年間収入金額が単身世帯で383万円以上、二人以上世帯で520万円以上、のいずれにも該当すると窓口負担は3割に引き上げられます。二つ目の条件である収入基準は、収入金額で判断されますので注意が必要です。

収入金額とは、所得税法に規定する、各種所得の計算上収入金額とすべき金額及び総収入金額に算入すべき金額の合計額です。収入金額は、所得とは異なり、必要経費等を差引く前の金額のことをいいます。必要経費、特別控除により所得が0またはマイナスになる場合でも、収入金額を合算します（例：生命保険の満期金、確定申告による分離課税の上場株式等の売却金額など。）。なお、遺族年金などの市区町村民税の課税対象とならない収入は、収入金額に含まれません。

そのため、上場株式等の譲渡損失を翌年以降に繰り越すために確定申告をすると、譲渡収入金額（譲渡所得ではありません。）が一定額以上となると、現役並み所得者に該当することとなり、医療費の窓口負担は3割となります。また、同一世帯に国民健康保険制度の被保険者が2人以上いる場合には、その収入合計額（世帯収入の合計額）が520万円未満とされています。

第3章　証券税制を活用した資産対策はこうする

　なお、70歳から74歳の人の窓口負担について、平成26年4月以降新たに70歳に達する人から2割とし、既に70歳になっている人は1割に据え置くこととしました。

● 平成26年4月2日以降に70歳の誕生日を迎える人（誕生日が昭和19年4月2日以降の人）

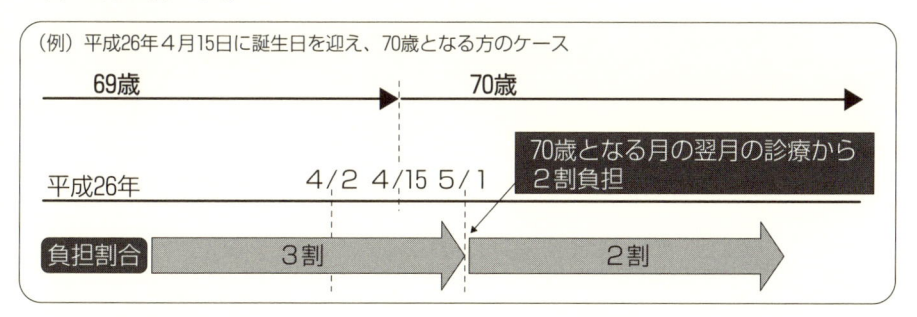

（例）平成26年4月15日に誕生日を迎え、70歳となる方のケース

69歳	70歳

70歳となる月の翌月の診療から2割負担

平成26年　　4/2　4/15　5/1

負担割合　　3割　　　　2割

＊　70歳となる誕生月の翌月（各月1日が誕生日の人はその月）の診療から、窓口負担は69歳まで2割となります。（例えば、平成26年4月2日～5月1日に70歳の誕生日を迎える人は、4月まで3割負担、5月から2割負担になります。）

＊住民税の課税所得

　住民税の課税所得とは、収入金額から公的年金等控除、給与所得控除、必要経費等を差し引いて求めた総所得金額等から、さらに所得控除（社会保険料控除、医療費控除等）を差し引いた後の金額になります。

　控除される金額は所得税と住民税では一部異なっています。主な控除の金額は以下のとおりです。

控除の名称	住民税の控除額	所得税の控除額
基礎控除	33万円	38万円
配偶者控除	33万円	38万円
配偶者特別控除	～33万円	～38万円
扶養控除（一般）	33万円	38万円
扶養控除（特定）	45万円	63万円
扶養控除（同居老親）	45万円	58万円
寡婦控除	26万円	27万円
特定寡婦控除	30万円	35万円
寡夫控除	26万円	27万円
社会保険料控除	その年の支払額	その年の支払額
小規模企業共済等掛金控除	その年の支払額	その年の支払額
生命保険料控除	～2万8000円（合計7万円）	～4万円（合計12万円）
地震保険料控除	～2万5000円	～5万円
医療費控除	その年の支払額－10万円	その年の支払額－10万円

（注）生命保険料控除は平成24年1月1日以降締結した契約分についてのものです。

自己負担割合	区　分	判定基準
3割	現役並み所得者	住民税の課税所得が145万円以上の後期高齢者医療制度の被保険者とその人と同一世帯にいる被保険者の人 　ただし、次に該当する場合は、市町村の窓口へ申請し認定を受けると1割負担となります。 ・同一世帯に被保険者が1人のみの場合で、被保険者本人の収入の額が383万円未満のとき ・同一世帯に被保険者が2人以上いる場合で、被保険者の収入の合計額が520万円未満のとき

第3章 証券税制を活用した資産対策はこうする

1割	一般	現役並み所得者、住民税非課税世帯以外の人
	住民税非課税世帯	世帯全員が住民税非課税である人等

＊ 現役並み所得者とは、同一世帯に属する後期高齢者の中に課税所得が145万円以上の者がいる場合です。

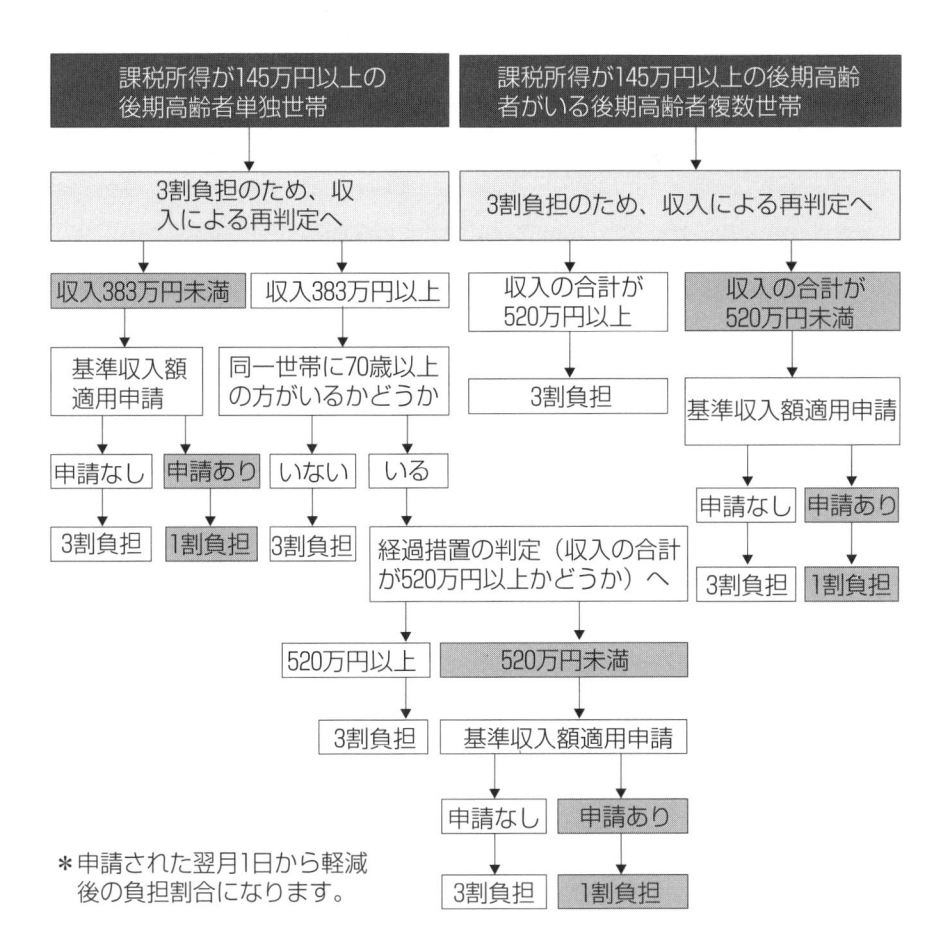

```
┌─────────────────────────┐      ┌─────────────────────────┐
│ 課税所得が145万円以上の  │      │ 課税所得が145万円以上の後期高齢 │
│ 後期高齢者単独世帯       │      │ 者がいる後期高齢者複数世帯 │
└───────────┬─────────────┘      └───────────┬─────────────┘
            ▼                                ▼
┌─────────────────────────┐      ┌─────────────────────────┐
│ 3割負担のため、収入     │      │ 3割負担のため、収入による再判定へ │
│ による再判定へ          │      │                         │
└───────────┬─────────────┘      └───────────┬─────────────┘
      ┌─────┴─────┐                    ┌─────┴─────┐
      ▼           ▼                    ▼           ▼
┌──────────┐ ┌──────────┐        ┌──────────┐ ┌──────────┐
│収入383万円│ │収入383万円│        │収入の合計が│ │収入の合計が│
│未満       │ │以上       │        │520万円以上│ │520万円未満│
└────┬─────┘ └────┬─────┘        └────┬─────┘ └────┬─────┘
     ▼            ▼                   ▼            ▼
┌──────────┐ ┌──────────┐        ┌──────────┐ ┌──────────┐
│基準収入額│ │同一世帯に│        │ 3割負担  │ │基準収入額│
│適用申請  │ │70歳以上の│        │          │ │適用申請  │
│          │ │方がいるか│        │          │ │          │
│          │ │どうか    │        │          │ │          │
└────┬─────┘ └────┬─────┘        └──────────┘ └────┬─────┘
  ┌──┴──┐      ┌──┴──┐                         ┌──┴──┐
  ▼     ▼      ▼     ▼                         ▼     ▼
申請なし 申請あり いない いる                    申請なし 申請あり
  ▼     ▼      ▼     ▼                         ▼     ▼
3割負担 1割負担 3割負担 ▼                       3割負担 1割負担
                        経過措置の判定（収入の合計
                        が520万円以上かどうか）へ
                          ┌──┴──┐
                          ▼     ▼
                     520万円以上 520万円未満
                          ▼     ▼
                       3割負担  基準収入額適用申請
                                ┌──┴──┐
                                ▼     ▼
                             申請なし 申請あり
                                ▼     ▼
                             3割負担 1割負担
```

＊申請された翌月1日から軽減後の負担割合になります。

▼設例

1．家族構成　父（76歳）、母（専業主婦・72歳）
2．父の収入等　公的年金480万円・特定口座でA株式を譲渡（譲渡収入金額300万円・取得費等420万円）、所得控除180万円
3．現役並み所得者の判定
①　課税所得の判定
4,800,000円×85％－785,000円＝3,295,000円
3,295,000円－1,800,000円＝1,495,000円＞1,450,000円
②　収入金額の判定（A株式の譲渡損失の繰越控除について確定申告をしない場合）
4,800,000円＜5,200,000円
　∴基準収入額適用申請をすることで医療費の窓口負担は1割負担となる。
③　収入金額の判定（A株式の譲渡損失の繰越控除について確定申告をする場合）
4,800,000円＋3,000,000円＝7,800,000円≧5,200,000円
　∴現役並み所得者と判定され、医療費の窓口負担は3割となる。

> **コラム** 上場株式等の譲渡損失の繰越控除の特例の適用要件

　上場株式等に係る譲渡損失の繰越控除の特例の適用が受けられるのは、①上場株式等に係る譲渡損失の金額が生じた年分の所得税につきその上場株式等に係る譲渡損失の金額の計算に関する明細書等の一定の書類の添付がある確定申告書（期限後申告書を含む。）を提出し、かつ、②その後において連続して確定申告書の提出をした場合であって、③この繰越控除を受けようとする年分の確定申告書に、この繰越控除を受ける金額の計算に関する明細書等の一定の書類の添付がある場合に限られます。このような申告要件が定められた趣旨は、当該上場株式等に係る譲渡損失の繰越控除の対象となるのは、上場株式等に係る譲渡所得の金額の計算上生じた損失の金額に限られることから、当該損失の金額を確定申告上明らかにさせておく必要があることにあります。

　そのため、上場株式等に係る譲渡損失の金額が生じた年分の確定申告が期限後申告となっても、一定の書類等の添付があれば、繰越控除の特例の適用を受けることができます。

　しかし、高齢者が過年分において確定申告することで、過去の申告年分に遡って医療費の窓口負担の割合が1割から現役並み所得者として3割負担になる可能性もありますので、注意が必要です。

2　遺族年金の受給権（合計所得金額で判定）

　遺族基礎年金（国民年金に加入中の方が亡くなった時、その方によって生計を維持されていた「18歳到達年度の末日までにある子（障害者は20歳未満）のいる妻」又は「子」に遺族基礎年金が支給されます。）や、遺族厚生年金（厚生年金に加入中の方が亡くなった時（加入中の傷病がもとで初診日から５年以内に亡くなった時）、その方によって生計を維持されていた遺族（１．配偶者又は子、２．父母、３．孫、４．祖父母の中で優先順位の高い方）に遺族厚生年金が支給されます。）には、どちらもそれぞれに受給要件がありますが、共通した要件のうちの一つに、死亡時に死亡者によって生計を維持されている遺族であることという条件があります。なお、平成26年４月以降は、子のある夫にも遺族基礎年金が支給されることとなりました。また、未支給年金を受け取れる遺族の範囲が見直され、従前は亡くなった人と生計を同じくしていた、配偶者、子、父母、孫、祖父母又は兄弟姉妹でしたが、平成26年４月以降は、これに加えて、それ以外の３親等内の親族（甥、姪、おじ、おば、子の配偶者など）まで拡大されました。この生計維持関係の有無は死亡者と生計が同一であったことと、遺族の前年の給与収入が850万円未満、又は所得金額が655.5万円未満であるか否かで判定します。つまり同じ世帯（原則として戸籍謄本と住民票が同一世帯に記載されている必要があります。）で、かつ、この金額未満の年収あるいは所得のどちらかの要件をクリアーすれば、死亡者によって生計を維持されていたということになります。

　そのためにも同族会社で妻が役員になっている場合などでは、他に所得がない場合、年間役員給与は850万円未満になるようにしておくべきでしょう。

　ちなみに、夫の死亡後に妻が社長に就任して役員給与が増えたり、事業主になって事業所得が増えて基準を上回ったとしても、現在の判断基準では、死亡時の前年所得で判定されますので受給できます。

　この場合の所得金額は、「合計所得金額」によって判定することとされています。

○生計維持関係等の認定基準及び認定の取扱いについて

(平成23年3月23日・年発0323第1号・日本年金機構理事長あて厚生労働省年金局長通知)

1　総論

(1)　生計維持認定対象者

次に掲げる者(以下「生計維持認定対象者」という。)に係る生計維持関係の認定については、**2**の生計維持関係等の認定日において、**3**の生計同一要件及び**4**の収入要件を満たす場合(⑦及び⑨にあっては、**2**の生計維持関係等の認定日において、**3**の生計同一要件を満たす場合。)に受給権者又は死亡した被保険者若しくは被保険者であった者と生計維持関係があるものと認定するものとする。

ただし、これにより生計維持関係の認定を行うことが実態と著しく懸け離れたものとなり、かつ、社会通念上妥当性を欠くこととなる場合には、この限りでない。

①　老齢基礎年金のいわゆる振替加算等の対象となる者
②　障害基礎年金(国民年金法等の一部を改正する法律(昭和60年法律第34号。以下「昭和60年改正法」という。)による改正前の国民年金法による障害年金を含む。)の加算額の対象となる子
③　遺族基礎年金の受給権者
④　昭和60年改正法による改正後の国民年金法による寡婦年金の受給権者
⑤　老齢厚生年金の加給年金額の対象となる配偶者及び子
⑥　障害厚生年金の加給年金額の対象となる配偶者
⑦　昭和60年改正法による改正前の厚生年金保険法による障害年金の加給年金額の対象となる配偶者及び子
⑧　遺族厚生年金(昭和60年改正法による改正後の厚生年金保険法による特例遺族年金を含む。)の受給権者

⑨　昭和60年改正法による改正前の船員保険法による障害年金の加給年金額の対象となる配偶者及び子

(2)　生計同一認定対象者

　次に掲げる者（以下「生計同一認定対象者」という。）に係る生計同一関係の認定については、2の生計維持関係等の認定日において、3の生計同一要件を満たす場合に受給権者又は死亡した被保険者若しくは被保険者であった者と生計同一関係があるものと認定するものとする。

　ただし、これにより生計同一関係の認定を行うことが実態と著しく懸け離れたものとなり、かつ、社会通念上妥当性を欠くこととなる場合には、この限りでない。

①　遺族基礎年金の支給要件及び加算額の対象となる子
②　死亡一時金の支給対象者
③　未支給年金及び未支給の保険給付の支給対象者

2　生計維持関係等の認定日

(1)　認定日の確認

　生計維持認定対象者及び生計同一認定対象者に係る生計維持関係等の認定を行うに当たっては、次に掲げる生計維持関係等の認定を行う時点（以下「認定日」という。）を確認した上で、認定日において生計維持関係等の認定を行うものとする。

①　受給権発生日
②　老齢厚生年金に係る加給年金額の加算開始事由に該当した日
③　老齢基礎年金に係る振替加算の加算開始事由に該当した日
④　障害厚生年金及び障害基礎年金並びに障害年金の受給権発生後において、当該受給権者が次のいずれかに該当する者である場合にあっては、次に掲げる日

ア　障害年金加算改善法（以下「法」という。）施行日の前日において、加給年金額及び加算額の加算の対象となっていない配偶者及び子を有する場合

にあっては、法施行日の前日（平成23年3月31日）
イ　法施行日以後において、新たに生計維持関係がある配偶者及び子を有するに至った場合にあっては、当該事実が発生した日（以下「事実発生日」という。）
ウ　法施行日以後において、加給年金額及び加算額の加算の対象となっていない子を有する場合にあっては、当該子が新たに障害等級の1級又は2級に該当する障害の状態となった日（以下「現症日」という。）
エ　法施行日以後において、加給年金額及び加算額の加算の対象となっていない子を有し、受給権者の配偶者等に対して当該子に係る児童扶養手当が支給されている場合にあっては、児童扶養手当の額が決定、改定又は停止となった月の前月の末日、若しくは障害基礎年金又は障害年金の当該子に係る加算の届出日

(2) **確認の方法**

　これらの認定日の確認については、受給権者からの申出及び認定日の内容に応じ別表1の書類の提出を求め行うものとする。

3　生計同一に関する認定要件

(1) **認定の要件**

　生計維持認定対象者及び生計同一認定対象者に係る生計同一関係の認定に当たっては、次に該当する者は生計を同じくしていた者又は生計を同じくする者に該当するものとする。

① 　生計維持認定対象者及び生計同一認定対象者が配偶者又は子である場合
　ア　住民票上同一世帯に属しているとき
　イ　住民票上世帯を異にしているが、住所が住民票上同一であるとき
　ウ　住所が住民票上異なっているが、次のいずれかに該当するとき
　　(ア)　現に起居を共にし、かつ、消費生活上の家計を一つにしていると認められるとき
　　(イ)　単身赴任、就学又は病気療養等の止むを得ない事情により住所が住

民票上異なっているが、次のような事実が認められ、その事情が消滅したときは、起居を共にし、消費生活上の家計を一つにすると認められるとき
　　(ｱ)　生活費、療養費等の経済的な援助が行われていること
　　(ｲ)　定期的に音信、訪問が行われていること
②　生計維持認定対象者及び生計同一認定対象者が死亡した者の父母、孫、祖父母又は兄弟姉妹である場合
　ア　住民票上同一世帯に属しているとき
　イ　住民票上世帯を異にしているが、住所が住民票上同一であるとき
　ウ　住所が住民票上異なっているが、次のいずれかに該当するとき
　　(ｱ)　現に起居を共にし、かつ、消費生活上の家計を一つにしていると認められるとき
　　(ｲ)　生活費、療養費等について生計の基盤となる経済的な援助が行われていると認められるとき
(2)　**認定の方法**
　これらの事実の認定については、受給権者から別表2の書類の提出を求め行うものとする。
4　**収入に関する認定要件**
(1)　**認定の要件**
①　生計維持認定対象者（障害厚生年金及び障害基礎年金並びに障害年金の生計維持認定対象者は除く。）に係る収入に関する認定に当たっては、次のいずれかに該当する者は、厚生労働大臣の定める金額（年額850万円）以上の収入を将来にわたって有すると認められる者以外の者に該当するものとする。
　ア　前年の収入（前年の収入が確定しない場合にあっては、前々年の収入）が年額850万円未満であること。
　イ　前年の所得（前年の所得が確定しない場合にあっては、前々年の所得）

が年額655.5万円未満であること。
　ウ　一時的な所得があるときは、これを除いた後、前記ア又はイに該当すること。
　エ　前記のア、イ又はウに該当しないが、定年退職等の事情により近い将来（おおむね５年以内）収入が年額850万円未満又は所得が年額655.5万円未満となると認められること。
② 障害厚生年金及び障害基礎年金の生計維持認定対象者に係る収入に関する認定に当たっては、次のいずれかに該当する者は、厚生労働大臣の定める金額（年額850万円）以上の収入を有すると認められる者以外の者に該当するものとする。
　ア　前年の収入（前年の収入が確定しない場合にあっては、前々年の収入）が年額850万円未満であること。
　イ　前年の所得（前年の所得が確定しない場合にあっては、前々年の所得）が年額655.5万円未満であること。
　ウ　一時的な所得があるときは、これを除いた後、前記ア又はイに該当すること。
　エ　前記のア、イ又はウに該当しないが、定年退職等の事情により現に収入が年額850万円未満又は所得が年額655.5万円未満となると認められること。

(2) **認定の方法**

　これらの認定については、受給権者からの申出及び生計維持認定対象者の状況に応じ別表３の書類の提出又は提示を求め行うものとする。

5　事実婚関係
(1)　認定の要件
　事実婚関係にある者とは、いわゆる内縁関係にある者をいうのであり、内縁関係とは、婚姻の届出を欠くが、社会通念上、夫婦としての共同生活と認められる事実関係をいい、次の要件を備えることを要するものであること。
① 　当事者間に、社会通念上、夫婦の共同生活と認められる事実関係を成立させようとする合意があること。
② 　当事者間に、社会通念上、夫婦の共同生活と認められる事実関係が存在すること。

(2)　除外の範囲
　前記(1)の認定の要件を満たす場合であっても、当該内縁関係が反倫理的な内縁関係である場合、すなわち、民法第734条（近親婚の制限）、第735条（直系姻族間の婚姻禁止）又は第736条（養親子関係者間の婚姻禁止）の規定のいずれかに違反することとなるような内縁関係にある者（以下「近親婚者」という。）については、これを事実婚関係にある者とは認定しないものとすること。

　ただし、厚生年金保険法、国民年金法、船員保険法による死亡を支給事由とする給付（未支給の保険給付及び未支給年金を含む。）及び加給年金額並びに振替加算の生計維持認定対象者及び生計同一認定対象者に係る生計維持関係等の認定において、次に掲げるすべての要件に該当する近親婚者については、過去の判例を踏まえ、日本年金機構本部及び厚生労働省年金局に対し、その取扱いについて協議を行うものとすること。
① 　三親等の傍系血族間の内縁関係にあること。
② 　内縁関係が形成されるに至った経緯が、内縁関係が開始された当時の社会的、時代的背景に照らして不当ではないこと。
③ 　地域社会や周囲に抵抗感なく受け入れられてきた内縁関係であること。
④ 　内縁関係が長期間（おおむね40年程度以上）にわたって安定的に継続さ

れてきたものであること。

(3) 離婚後の内縁関係の取扱い

離婚の届出がなされ、戸籍簿上も離婚の処理がなされているにもかかわらず、その後も事実上婚姻関係と同様の事情にある者の取扱いについては、その者の状態が前記(1)の認定の要件に該当すれば、これを事実婚関係にある者として認定するものとすること。

(4) 認定の方法

これらの事実婚関係及び生計同一関係の認定については、3の(1)の①によるものとし、受給権者、生計維持認定対象者及び生計同一認定対象者からの申出並びに別表5の書類の提出を求め行うものとする。

6 重婚的内縁関係

(1) 認定の要件

届出による婚姻関係にある者が重ねて他の者と内縁関係にある場合の取扱いについては、婚姻の成立が届出により法律上の効力を生ずることとされていることからして、届出による婚姻関係を優先すべきことは当然であり、従って、届出による婚姻関係がその実体を全く失ったものとなっているときに限り、内縁関係にある者を事実婚関係にある者として認定するものとすること。

なお、内縁関係が重複している場合については、先行する内縁関係がその実体を全く失ったものとなっているときを除き、先行する内縁関係における配偶者を事実婚関係にある者とすること。

① 「届出による婚姻関係がその実体を全く失ったものとなっているとき」には、次のいずれかに該当する場合等が該当するものとして取扱うこととすること。

　ア 当事者が離婚の合意に基づいて夫婦としての共同生活を廃止していると認められるが戸籍上離婚の届出をしていないとき

　イ 一方の悪意の遺棄によって夫婦としての共同生活が行われていない場合であって、その状態が長期間（おおむね10年程度以上）継続し、当事

者双方の生活関係がそのまま固定していると認められるとき
② 「夫婦としての共同生活の状態にない」といい得るためには、次に掲げるすべての要件に該当することを要するものとすること。
　ア　当事者が住居を異にすること。
　イ　当事者間に経済的な依存関係が反復して存在していないこと。
　ウ　当事者間の意思の疎通をあらわす音信又は訪問等の事実が反復して存在していないこと。

(2) 重婚的内縁関係に係る調査

　重婚的内縁関係にある者を「婚姻の届出をしていないが事実上婚姻関係と同様の事情にある者」として認定するには、届出による婚姻関係がその実体を全く失ったものとなっていることを確認することが必要であり、このため、次の調査を行い、その結果を総合的に勘案して事実婚関係の認定を行うものとすること。

　なお、この調査は、相手方の任意の協力を得て行うものであるとともに、本人のプライバシーに関係する問題でもあるので、慎重に取り扱うものとすること。

① 戸籍上の配偶者に対して、主として次の事項について、婚姻関係の実態を調査すること。

　なお、戸籍上の配偶者の住所は、戸籍の附票（住民基本台帳法第16条～第20条参照）により確認することとすること。
　ア　別居の開始時期及びその期間
　イ　離婚についての合意の有無
　ウ　別居期間中における経済的な依存関係の状況
　エ　別居期間中における音信、訪問等の状況
② 前記①による調査によっても、なお不明な点がある場合には、いわゆる内縁関係にある者に対しても調査を行うこと。
③ 厚生年金保険法及び船員保険法の未支給の保険給付並びに国民年金法の

未支給年金についても同様の取扱いとすること。
この取扱いは、平成23年4月1日から適用するものとすること。

3　国民健康保険の保険料（所得割）（総所得金額等で判定（退職所得金額を含めないで判定））

　国民健康保険は、市区町村ごとに運営され、保険料も異なっています。国民健康保険料は、前年度の所得等によって計算されます。国民健康保険料は、医療分保険料、後期高齢者支援金、介護分保険料（40歳以上65歳未満）の合計額で、健康保険加入者の人数と所得金額や固定資産税額をもとに「世帯単位」で計算されます。

　大阪市の国民健康保険料の所得割額は、算定基礎所得金額に税率を乗じて計算します。「算定基礎所得金額＝前年中総所得金額等－33万円」となっています。総所得金額等とは、総所得金額、申告分離課税の所得金額及び山林所得金額の合計額をいいます。なお、退職所得金額はここには含まれません。また、分離の短期・長期譲渡所得の金額（土地建物等の譲渡所得金額）については、特別控除後の金額となります。事業専従者控除額がある場合の事業所得は、控除後の所得となります。青色専従者給与額は必要経費へ算入します。雑損失の繰越控除は適用前の金額となります。

　後期高齢者医療保険の所得割保険料の算定の際の所得と同じです。

【大阪市の健康保険料の算定方法】（平成26年度）
・加入者（被保険者）の中に40～64歳の方を含む世帯………①＋②＋③の合計額
・加入者（被保険者）の中に40～64歳の方を含まない世帯…①＋②の合計額

① 医療分保険料…全ての世帯にご負担いただきます。

平等割		均等割		所得割		年間保険料
1世帯当たり 33,865円	＋	被保険者数 ×20,108円	＋	算定基礎所得金額 ※1 ×8.09%	＝	(最高限度額) 51万円

（特定世帯平等割：16,933円／特定継続世帯平等割：25,399円）※2

② 後期高齢者支援金分保険料…全ての世帯にご負担いただきます。

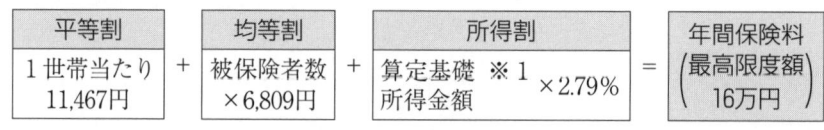

平等割		均等割		所得割		年間保険料
1世帯当たり 11,467円	＋	被保険者数 ×6,809円	＋	算定基礎所得金額 ※1 ×2.79%	＝	(最高限度額) 16万円

（特定世帯平等割：5,734円／特定継続世帯平等割：8,601円）※2

③ 介護分保険料…被保険者の中に40歳から64歳の方（介護保険第2号被保線者）がおられる世帯にのみご負担いただきます。

平等割		均等割		所得割		年間保険料
1世帯当たり 10,017円	＋	介護保険第2号被保険者数 ×8,318円	＋	算定基礎所得金額 ※1 ×2.70%	＝	(最高限度額) 14万円

※1 算定基礎所得金額については次のとおり計算します。
　　算定基礎所得金額＝平成25年中総所得金額等－33万円
　　世帯の所得割は、被保険者（介護保険第2号被保険者）ごとに計算した所得割の合計額となります。
※2 国民健康保険から後期高齢者医療制度へ移行した方（以降、「特定同一世帯所属者」といいます。）がいる世帯で、その世帯の国保の加入者がお一人の場合は、医療分保険料と後期高齢者支援金分保険料の平等割が、5年間1／2減額（特定世帯）となり、その後、3年間1／4減額（特定継続世帯）となります。（平成25年4月1日改正）
　　ただし、世帯主の変更を伴う異動があった場合は、経過措置の対象外となります。

　健康保険料の軽減制度は、前年の所得が一定額以下の世帯の場合に、均等割額と平等割額が減額される全国一律の制度です。減額の申請は、基本的には必要ありませんが、前年の所得を申告している必要があります。減額は、市町村が前年の所得に基づいて自動的に行うため、所得がなくても所得の申告をしていない場合には、減額制度は適用されません。

　留意すべき点は、減額判定の所得は、世帯主（擬制世帯主を含む。）と国民健康保険加入者である世帯員の所得が合算されます。擬制世帯主とは、国民健康保険に加入していない住民票上の世帯主のことです。たとえば、世帯主の父と同居している場合は、父が会社員で国民健康保険に入っていなくても、父の所得も減額の判定に含まれます。また、保険料算定の際と異なり、分離の短期・長期譲渡所得の金額（土地建物等の譲渡所得金額）については、特別控除前の金額となります。事業所得は、事業専従者控除額の控除前の所得となります。青色専従者給与額は必要経費へ算入しません。一方、専従者給与にかかる所得は判定基準に含めません。保険料算定の所得と同じく退職所得は含みません。

　軽減の判定に係る所得の範囲についても、後期高齢者医療保険と同じです。

＊　世帯全員の所得の合計が基準額以下の世帯について、医療分・後期高齢者支援金分・介護分保険料の平等割、均等割を軽減されます。

【均等割額、平等割額の軽減（大阪市の場合：市町村によって軽減割合は異なります。）】

世帯主と被保険者全員の前年度の所得の合計額が下記の金額以下の場合	
7割軽減（法定）	33万円
5割軽減（法定）	33万円＋（被保険者数）×24万5千円
2割軽減（法定）	33万円＋（被保険者数）×45万円
3割軽減	33万円＋（被保険者数）×28万円

(注1) 世帯の所得とは、同じ世帯の次の人の所得を合計した額です。
　　　① 世帯主（国民健康保険の資格のない世帯主を含む）の所得
　　　② 国民健康保険の被保険者
　　　③ 国保被保険者だった後期高齢者医療制度の被保険者
(注2) 軽減判定するときの所得は、公的年金等特別控除（15万円）が適用され、青色事業専従者給与額を事業主の所得として算定した額が、判定基準の所得になります。事業専従者控除がある人は控除前の額が判定基準の所得になります。専従者給与にかかる所得は判定基準に含めません。また、分離の短期・長期譲渡所得の金額（土地建物等の譲渡所得金額）の特別控除の適用もありません。

コラム　退職所得

　退職所得とは、退職により勤務先から受ける退職手当などの所得をいい、社会保険制度などにより退職に基因して支給される一時金、適格退職年金契約に基づいて生命保険会社又は信託会社から受ける退職一時金なども退職所得とみなされます。

　また、労働基準法第20条の規定により支払われる解雇予告手当や賃金の支払の確保等に関する法律第7条の規定により退職した労働者が弁済を受ける未払賃金も退職所得に該当します。

　退職所得の金額は、次のように計算します。
（収入金額（源泉徴収される前の金額）－退職所得控除額）×1／2＝退職所得の金額

第3章 証券税制を活用した資産対策はこうする

第6節　少人数私募債の活用法

　同族会社では、オーナー経営者やその親族などからの借入によって資金調達をしている事例も少なくありません。この場合、その借入金に対して利子を支払うこととなると、受取った者のその利子は「雑所得」に区分され、総合課税として課されることとされています。

　しかし、その借入金を社債に組み替えて社債利子として受取ることにより、利子所得として20.315％の税率による申告分離課税となります。

　しかし、平成25年度税制改正及び平成26年度税制改正によって、平成28年1月1日以後に支払を受ける利子等のうち、同族会社の発行した少人数私募債の利子のうち、同族株主の親族等が支払を受けるものについては、総合課税によって課税することとされました。

　そこで、少人数私募債の概要とその活用法について簡潔に解説することとします。

1　少人数私募債の概要

　少人数私募債は、会社が発行する社債で、社債の購入を勧誘する対象者の人数が50名未満であるなど一定の要件を満たす社債をいいます。

　少人数私募債を発行するためには、社債は下記の条件を満たすことで、各種法令の特例等を受けて容易に発行が可能となります。

＜少人数私募債の発行条件＞
1．発行者は会社であること。（株式会社（特例有限会社を含む）、合同会社、合名会社、合資会社であれば可能。）
2．社債総額を1口の金額で割った口数が50未満であること。（社債の総額を

社債の最低金額（1口の金額）で割った数が50未満であれば、社債管理者を設置する必要がない。）

3．社債の購入を勧誘する対象者の人数が50名未満であること（勧誘する対象者の人数が50名以上になると金融商品取引法上の「募集（公募）」に該当する。）。

4．少人数私募債に譲渡制限を設定すること。また、社債は一括譲渡以外を禁止とする（又は、社債1口の金額をさらに小さい金額の単位に分割することを禁止する「分割制限」を行う。）。

5．発行総額を1億円未満にすること（有価証券の募集に該当した場合には、有価証券届出書等を提出し、情報の開示を行わなければならないが、少人数私募債の場合には、このような開示義務はない。その代わり、上記の内容を投資家（社債購入予定者）に告知する義務があるが、発行総額が1億円未満の場合は、この告知義務も必要がない。）。

6．社債は無担保であること（社債に担保を付けた場合は、担保付社債として「担保付社債信託法」が適用されるため、無担保とする。）。

7．社債券を発行しないこと（社債券の発行費用やその後の管理が容易になる。募集要項に「債券不発行」を記載する。）。

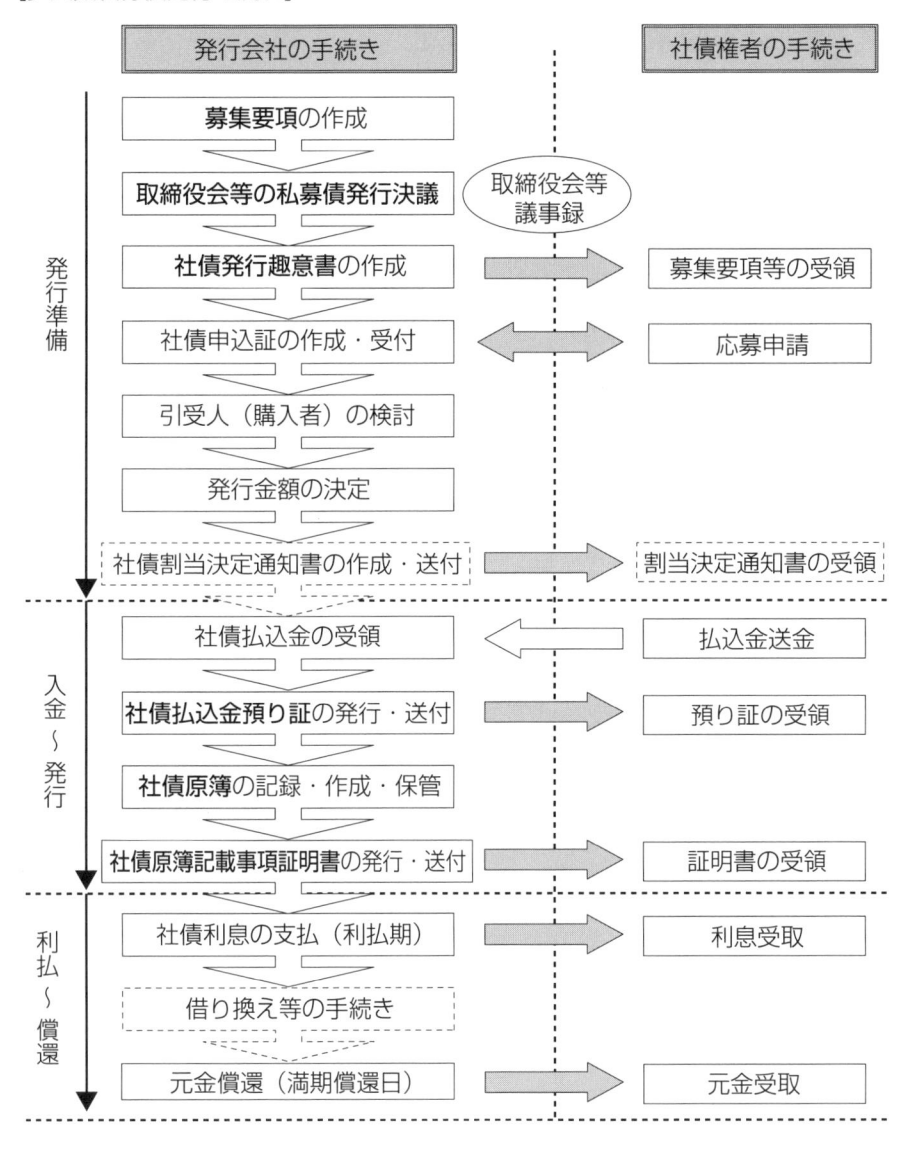

第3章 証券税制を活用した資産対策はこうする

【少人数私募債発行の流れ】

	発行会社の手続き		社債権者の手続き
発行準備	募集要項の作成		
	取締役会等の私募債発行決議	取締役会等議事録	
	社債発行趣意書の作成	→	募集要項等の受領
	社債申込証の作成・受付	↔	応募申請
	引受人（購入者）の検討		
	発行金額の決定		
	社債割当決定通知書の作成・送付	→	割当決定通知書の受領
入金〜発行	社債払込金の受領	←	払込金送金
	社債払込金預り証の発行・送付	→	預り証の受領
	社債原簿の記録・作成・保管		
	社債原簿記載事項証明書の発行・送付	→	証明書の受領
利払〜償還	社債利息の支払（利払期）	→	利息受取
	借り換え等の手続き		
	元金償還（満期償還日）	→	元金受取

205

2 少人数私募債の活用法

その1 役員借入金を社債に組み替えてトータルの税負担を軽減する（平成27年12月31日までの利子の支払いに限る）

　役員借入金が計上されているにもかかわらず（会社が経営者からお金を借りているようなケース）、その役員である同族株主に対して利息の支払いをしていない会社をよく見かけます。

　その会社があえて利息を支払っていない理由としては、その役員が受取る利息は「雑所得」となり、他の所得と合算され所得税・住民税が課税（総合課税）されます。その役員の所得税（住民税を含む）の税率が高い場合には、その利息の分に対する税率も高くなってしまい、法人税で支払った方が税負担は軽くなるからです。

　しかし、少人数私募債の利息は「利子所得」に区分され、総合課税とはならず源泉分離課税（所得税15.315％・住民税5％）によって課税されます。

　そこで、以下のように役員借入金を少人数私募債に組み替えをすることとします。

1．役員借入金をいったん返済し、あらためて社債として資金調達を行います。

　又は、払込期日において帳簿振替の残高を振り替える処理も可能ですが、この場合、募集要項や取締役会等の社債発行決議の議事録などで代用払い込みをする旨の記載をしておくようにします。

2．役員借入金が社債に組み換えられた後に社債利息を支払います。

3．社債利息と同額だけ役員報酬（役員給与）を減額させます。

第3章 証券税制を活用した資産対策はこうする

▼ 設例

≪私募債発行前≫

　役員借入金：1億円

　役員報酬　：年間2,400万円

●少人数私募債を1億円（利率4％）発行
　⇒「役員借入金」から「社債」へ
●役員報酬を400万円減額（社債利息分：1億円×4％）

≪私募債発行後≫

　社債　　　：1億円（利率4％）

　社債利息：400万円（1億円×4％）

　役員報酬：年間2,000万円

発行会社での仕組み

【貸借対照表】

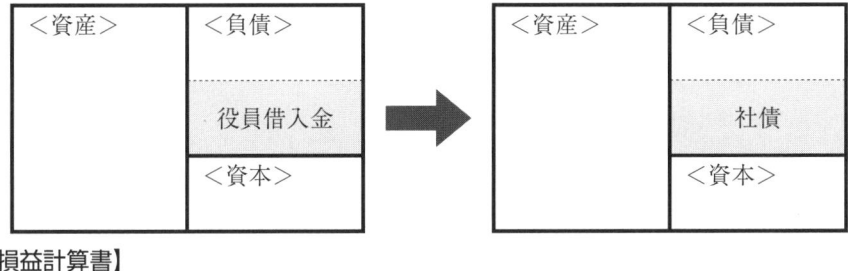

<資産>	<負債> 役員借入金
	<資本>

→

<資産>	<負債> 社債
	<資本>

【損益計算書】

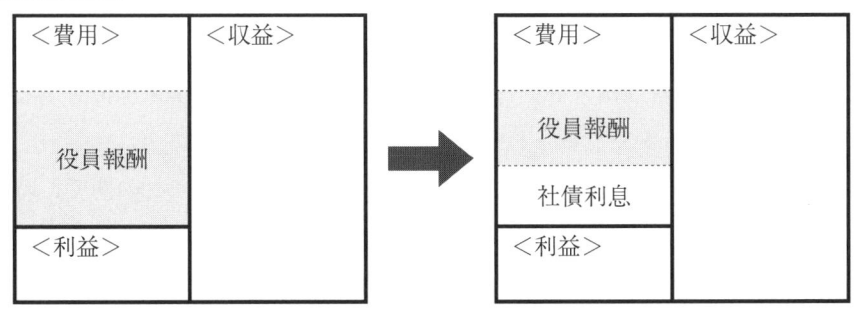

<費用> 役員報酬	<収益>
<利益>	

→

<費用> 役員報酬 / 社債利息	<収益>
<利益>	

> 役員報酬（役員給与）の減額分を社債利息で補っている形となっているので、発行前と発行後では、発行会社において損金にできる金額は変わりません。

■税金の計算（平成25年分以後）：社債権者（社債購入者＝経営者）
≪私募債発行前≫

　給与所得　←　役員報酬：2,400万円

　　2,115万円＝2,400万円－245万円（給与所得控除額）

　■所得税：567万円（税率40％）＋住民税：212万円（税率10％）＝　　779万円

≪私募債発行後≫

　利子所得　←　社債利息：400万円

　■所得税（税率15％）・住民税（税率5％）＝　　　　　　　　　　　80万円

　給与所得　←　役員報酬：2,000万円

　　1,755万円＝2,000万円－245万円（給与所得控除額）

　■所得税：413万円（税率33％）＋住民税：172万円（税率10％）＝　　585万円

　　　　　　　　　　　　　　　　　　　　　　　　　合計　　665万円

　少人数私募債を発行前と発行後の税額差：779万円－665万円＝114万円

※　所得税には復興特別所得税については考慮していません。
※　所得控除は基礎控除のみ（所得税38万円・住民税33万円）で試算

その2　オーナー個人の所有する不動産を同族法人へ移転する場合の資金調達

　オーナー個人が所有している不動産で同族法人が利用しているものを、法人（以下、「資産管理法人等」といいます。）に移転させ、事業承継対策として活用するケースが見受けられます。

　その際には、資産管理法人等と不動産を所有するオーナーとの間で、時価による売買取引となるケースが多く、資産管理法人等においては当該不動産の多額の買取り資金が必要となってしまいます。このようなケースにおいて

も少人数私募債を活用できます。

　不動産をオーナーから資産管理法人等へ移転（売却）する際に、資産管理法人等がその対価を支払うために、少人数私募債を発行（オーナー引受）し、資金調達を行います。

　このことにより、資産管理法人等は銀行等からの借入をする必要もなく、多額の資金支出を繰り延べることができます。

　不動産の移転後は、同族法人はオーナーに対して賃貸料を資産管理法人等に支払う必要がなくなりますが、地代家賃に代えてオーナーには社債利息を支払うことになります。

　オーナーが受取る社債利息は平成27年12月31日までは源泉分離課税となり一律20.315％（所得税・住民税）の税率で課税されますので、給与所得などが多額にあるオーナーの場合には、総合課税とされる不動産所得が利子所得して分離課税となり、オーナー個人の所得税の軽減が期待できます。

その3　在職老齢年金の減額を防ぐ

　中小企業の経営者は、60歳になったからといってすぐに"定年退職"というわけでもなく、60歳以降も会社の役員又は会社の業務を行い、役員報酬（役員給与）や給与を会社から支給されるケースが多くみられます。

　その際に、役員報酬（役員給与）や給与の金額が一定額を超えてしまうと、60歳以降から支給されるはずの在職老齢年金が減額される場合があります。

　在職老齢年金制度は、60歳以降働きながら年金を受け取る場合、給料と年金月額の合計額が一定額を超えると、年金支給額が調整（減額）される制度です。

≪在職老齢年金制度による支給停止額の計算式≫

【60〜64歳の場合】

総報酬月額相当額	基本月額	支給停止額（月額）
(総報酬月額相当額＋基本月額)が28万円以下		0円（全額支給）
46万円以下	28万円以下	(総報酬月額相当額＋基本月額－28万円)÷2
	28万円超	(総報酬月額相当額)÷2
46万円超	28万円以下	(46万円＋基本月額－28万円)÷2 ＋(総報酬月額相当額－46万円)
	28万円超	46万円÷2＋(総報酬月額相当額－46万円)

※ 基本月額：老齢厚生年金額（加給年金を除く）÷12
※ 総報酬月額相当額：その月の標準報酬月額＋(その月以前1年間の標準賞与額の総額÷12)

【65歳以上の場合】

総報酬月額相当額＋基本月額	支給停止額（月額）
46万円以下	0円（全額支給）
46万円超	(総報酬月額相当額＋基本月額－46万円)÷2

※ 基本月額：老齢厚生年金額（報酬比例部分）÷12

1．基本月額について

　64歳までは、加給年金を除く年金部分（報酬比例部分＋定額部分）の月額、65歳以上は加給年金を除く厚生年金部分の月額（定額部分は老齢厚生年金となり計算対象としません。）が基本月額とされます。

2．昭和12年4月2日以降生まれの人（平成19年4月以降に70歳に達する人）が、70歳以降も厚生年金適用事業所に常勤で勤めている場合、厚生年金保険の被保険者ではありませんので厚生年金保険料の負担はなくなりますが、65歳以上の人と同様の在職中による年金支給停止が継続します。

≪老齢厚生年金のうち調整の対象となる部分≫

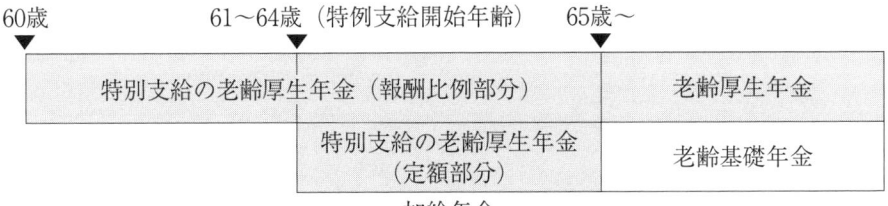

60歳	61～64歳（特例支給開始年齢）	65歳～
特別支給の老齢厚生年金（報酬比例部分）		老齢厚生年金
	特別支給の老齢厚生年金（定額部分）	老齢基礎年金
	加給年金（配偶者が65歳になるまで）	

※ アミ の部分が調整の対象となります。
※ 65歳以上の場合、老齢基礎年金と経過的加算については支給停止の対象とならず、全額が支給されます。

　こういったケースにも少人数私募債を活用すると、年金支給額のカットを少なくでき、給与と年金のトータルの手取額を多くすることができる場合もあります。

　次の表は、役員報酬（役員給与）の金額が年間600万円（月額50万円）の方が、年間300万円（月額25万円）に減額し、減額した分を社債利息で補うように少人数私募債6,000万円（利率5％）による社債利息を受取った場合のシミュレーションです。

(単位:円)

【60歳から64歳までにおける試算】	私募債発行前		私募債発行後	
	月額	年額	月額	年額
60歳以降給与	500,000	6,000,000	250,000	3,000,000
年金額	126,257	1,515,089	126,257	1,515,089
在職老齢年金の仕組みによる減額	-126,257	-1,515,089	-53,129	-637,542
差引年金支給額	0	0	73,125	877,500
社債利息	0	0	250,000	3,000,000
収入合計	500,000	6,000,000	573,125	6,877,500
所得税・住民税		518,500		198,200
社債利息源泉税		0		600,000
社会保険料等		824,460		428,724
支出小計		1,342,960		1,226,924
手取合計		4,657,040		5,650,576

手取差額 約99万円

【65歳以後における試算】	私募債発行前		私募債発行後	
	月額	年額	月額	年額
65歳以降給与	500,000	6,000,000	250,000	3,000,000
年金額	184,042	2,208,500	184,042	2,208,500
在職老齢年金の仕組みによる減額	-78,129	-937,548	0	0
差引年金支給額	105,908	1,270,900	184,042	2,208,500
社債利息			250,000	3,000,000
収入合計	605,908	7,270,900	684,042	8,208,500
所得税・住民税		541,700		336,100
社債利息源泉税		0		600,000
社会保険料等		779,160		405,168
支出小計		1,320,860		1,341,268
手取合計		5,950,040		6,867,232

手取差額 約91万円

※ 年齢:60歳　男性
　　厚生年金加入期間(被保険者期間):35年　　平均報酬月額:500,000円
　　所得税・住民税:基礎控除38万円　社会保険料控除
　　社会保険料:健康保険料・厚生年金　　雇用保険料:なし

少人数私募債：額面6,000万円　　利率5％　　年間社債利息：300万円
上記の条件にて試算。なお、復興特別所得税や加給年金、雇用継続給付金については加味していません。

> 上記の表により、役員報酬（役員給与）又は給与の減額分を私募債の利息で補うことにより、個人の納税額は増加していますが、在職老齢年金の仕組みによる減額をおさえることによりトータルの手取額は多くなっていることがわかります。

その4　少人数私募債を贈与する

少人数私募債のデメリットとして、購入者が相続時に保有していると額面金額で評価され相続財産となってしまうことがあげられます。

社債購入に充てた現預金という相続財産が、社債（金銭債権）という相続財産に変わることになります。（相続財産が増減するわけではありません。）

例えば、1口100万円の少人数私募債を1人で49口保有しているならば、4,900万円の相続財産となってしまいます。

このデメリットを解消していく対策としては、少人数私募債を購入者の相続人等に贈与する方法が考えられます。

しかしながら、少人数私募債の発行条件として、多数の者に所有される怖れが少ないという要件が必要となり、①一括譲渡以外の譲渡禁止、または②単位未満の分割が禁止されています。

私募債に、①一括譲渡以外の禁止が設定されていると仮定して、上記の例を用いると、4,900万円の私募債を一括で相続人等に贈与することになり、多額の贈与税が発生してしまいます。

1　49口4,900万円の私募債を贈与する場合

　　贈与税：（4,900万円－110万円）×50％－225万円＝2,170万円

この場合、一括で私募債を贈与するため、相続財産の圧縮は一気に進行しますが、贈与税負担は相続税負担より大きくなってしまう可能性があります。

しかし、②単位未満の分割を禁止する設定にしておくと、1～3口といっ

た少数の私募債を数年に分けて贈与を行っていくことが可能となり、贈与税の負担も少なくすることができ、段階的に相続財産の圧縮にもつながります。

2　1口100万円の贈与をする場合

　　贈与税：基礎控除額（110万円）以下のため贈与税は課されません。

3　3口300万円の贈与をする場合

　　贈与税：（300万円－110万円）×10％－0万円＝19万円

4　5口500万円の贈与をする場合

　　贈与税：（500万円－110万円）×20％－25万円＝53万円

　少人数私募債では多くとも49口の社債が存在するわけですが、②単位未満の分割を禁止しておくと、仮に社債権者が転売又は贈与を行ったとしても50名以上の者へ分散することはありません。

　よって、少人数私募債を発行する際には、購入者がその会社の経営者や経営者の親族などになる予定で、相続税の対策として当該社債の生前贈与を考えるなら、少人数私募債の設定は、①一括譲渡以外の譲渡禁止ではなく、②単位未満の分割を禁止とすることが望ましいと考えられます。

　なお、少人数私募債を贈与する際には、少人数私募債には譲渡制限がついている場合には、社債発行会社の取締役会等の承認を得る必要があります。

　そして、社債原簿に譲渡（贈与）内容を記録することになります。

第7節 国外財産調書と利子所得の課税

　1998年4月1日の「外国為替及び外国貿易法」(改正外為法)施行により、外国為替取引が幅広く自由化されましたが、これに伴い国際的な租税回避行為の増加が懸念されることから、これを防止し、所得税、法人税、相続税その他の内国税の適正な課税の確保を図ることを目的として、「内国税の適正な課税の確保を図る為の国外送金等に係る調書の提出等に関する法律」(国外送金等に係る調書提出制度)が制定され、1998年4月1日から施行されています。

1　国外送金等に係る調書提出制度の主な対象取引
(1)　国内から国外へ向けた支払い(国外送金)
(2)　国外から国内へ向けた支払いの受領(国外からの送金の受領)
(3)　国外で振り出された小切手の取立等

2　国外送金等に係る調書提出制度の三つの手続き(法律による義務)
(1)　銀行への告知書提出義務：国外送金等(支払、受取を含む)をする際に、氏名・名称及び住所などを記載した告知書を銀行の窓口に提出しなければなりません。ただし、一定の公的書類等により本人確認の済んだ一定の口座(本人口座)を通じて国外送金等をする場合には、この告知書は不要です。
(2)　銀行が本人確認を行う義務：告知書の提出を受けた銀行は、住民票の写し、運転免許証、パスポート、法人登記簿の抄本などの一定の公的書類の提示をし、告知書に記載された氏名・名称及び住所を確認することとされています。
(3)　銀行の国外送金等調書の税務署への提出義務：取引した国外送金等のうち、100万円相当額超(平成21年4月1日施行)のものについては氏名・名称、住所、送金金額などを記載した調書(国外送金等調書)を銀行は税務

署へ提出することとされています。

さらに、近年、国外財産の保有が増加傾向にある中で、国外財産に係る課税の適正化が喫緊の課題となっていることなどを背景として、国外財産を保有する者からその保有する国外財産について申告する仕組みとして、国外財産調書の提出義務が平成24年度の税制改正により課せられ、平成25年12月31日において国外財産が5,000万円を超える人は平成26年3月17日（月）までに提出しなければなりません。

1 国外財産調書の概要

その年の12月31日においてその価額の合計額が5,000万円を超える国外財産を保有する居住者（非永住者を除きます。）は、翌年の3月15日までに当該国外財産の種類、数量及び価額その他必要な事項を記載した「国外財産調書」を、所轄税務署長に提出しなければならないこととされています。

なお、確定申告書の提出の際に「財産及び債務の明細書」の提出が必要な者（その年分の各種の所得金額の合計額が2,000万円を超える者）で、その年の12月31日において、その価額の合計額が5,000万円を超える国外財産を有する者は、国外財産調書の提出も必要になります。この場合、法令の規定上、「財産及び債務の明細書」には国外財産に関する事項の記載は要しないこととされていますが、「財産及び債務の明細書」の「備考」欄に、「国外財産については、国外財産調書に記載のとおり。」と記載することとされています。

2 国外財産とは

国外財産調書の対象となる「国外財産」とは、「国外にある財産をいう」こ

ととされています。財産が「国外にある」かどうかの判定については、基本的には財産の所在の判定について定める相続税法等の定めるところによることとされています。

なお、有価証券等の所在については、その口座が開設された金融商品取引業者等の営業所等の所在によることとされています。

【財産の所在の判定表】

	財産の種類	所在の判定	
1	動産若しくは不動産又は不動産の上に存する権利	その動産又は不動産の所在	
2	1のうち、船舶又は航空機	船籍又は航空機の登録をした機関の所在	
3	鉱業権若しくは租鉱権又は採石権	鉱区又は採石場の所在	
4	漁業権又は入漁権	魚場に最も近い沿岸の属する市町村又はこれに相当する行政区画	
5	金融機関に対する預金、貯金、積金又寄託金	その預金等の受入れをした営業所又は事業所の所在	
6	保険金（保険の契約に関する権利を含みます。）	その保険の契約に係る保険会社等の本店等又は主たる事務所の所在	
7	退職手当金、功労金その他これらに準ずる給与（一定の年金又は一時金に関する権利を含みます。）	その給与を支払った者の住所又は本店若しくは主たる事務所の所在	
8	貸付金債権	その債務者の住所又は本店若しくは主たる事務所の所在	口座が開設された金融商品取引業者等の営業所等の所在
9	社債若しくは株式（株式に関する権利（株式を無償又は有利な価額で取得することができる権利その他これに類する権利を含みます。）が含まれます。）、法人に対する出資又は外国預託証券	その社債若しくは株式の発行法人、その出資のされている法人又は外国預託証券に係る株式の発行法人の本店又は主たる事務所の所在	
10	集団投資信託又は法人課税信託に関する権利	これらの信託の引受けをした営業所、事務所その他これらに準ずる者の所在	

11	特許権、実用新案権、意匠権若しくはこれらの実施権で登録されているもの、商標権又は回路配置利用権、育成者権若しくはこれらの利用権で登録されているもの	その登録をした機関の所在	
12	著作権、出版権又は著作隣接権でこれらの権利の目的物が発行されているもの	これを発行する営業所又は事業所の所在	
13	1から12までの財産を除くほか、営業所又は事業所を有する者の営業上又は事業上の権利	営業所又は事業所の所在	
14	国債又は地方債	この法律の施行地（国内）	口座が開設された金融商品取引業者等の営業所等の所在
15	外国又は外国の地方公共団体その他これに準ずるものの発行する公債	その外国	
16	預託金又は委託証拠金その他の保証金（5に該当する財産を除きます。）	左記の預託金等の受け入れをした営業所又は事務所の所在	
17	抵当証券又はオプションを表示する証券若しくは証書	左記の有価証券の発行者の本店又は主たる事務所の所在	
18	組合契約等に基づく出資	左記の組合契約等に基づいて事業を行う主たる事務所、事業所その他これらに準ずるものの所在	口座が開設された金融商品取引業者等の営業所等の所在
19	信託に関する権利	その信託の引受けをした営業所、事務所その他これらに準ずるものの所在	
20	1から19までに掲げる財産以外の財産	その財産を有する者の住所（住所を有しない場合は居所）	

（出典：国外財産調書の提出制度　国税庁）

●有価証券等に係る所在の判定の取扱いを整理すると次のとおりとなります。

	国内有価証券等	外国有価証券等
国内金融機関の口座で管理	調書の対象外	調書の対象外
国外金融機関の口座で管理	調書の対象	調書の対象
上記以外	調書の対象外	調書の対象

（出典：国外財産調書の提出制度　国税庁）

3 過少申告加算税等の特例

　国外財産調書の提出制度は、保有する国外財産の種類、数量及び価額等の情報の提出をその財産を保有する者に求めるものです。

　そこで、本制度においては、国外財産調書の適正な提出に向けたインセンティブとして、過少申告加算税及び無申告加算税（以下「過少申告加算税等」といいます。）の特例措置が設けられています。

　具体的には、次のような措置が講じられています。

1　過少申告加算税等の優遇措置

　国外財産調書を提出期限内に提出した場合には、国外財産調書に記載がある国外財産に関する所得税及び復興特別所得税（以下「所得税等」といいます。）又は相続税の申告漏れが生じたときであっても、その国外財産に関する申告漏れに係る部分の過少申告加算税等について、5％減額されます。

2　過少申告加算税等の加重措置

　国外財産調書の提出が提出期限内にない場合又は提出期限内に提出された国外財産調書に記載すべき国外財産の記載がない場合（重要な事項の記載が不十分と認められる場合を含みます。）に、その国外財産に関する所得税等の申告漏れ（死亡した者に係るものを除きます。）が生じたときは、その国外財産に関する申告漏れに係る部分の過少申告加算税等について、5％加重されます。

(注)　「過少申告加算税等の加重措置」は、相続税及び死亡した者の所得税等についての適用はありません。

　なお、提出期限後に国外財産調書を提出した場合であっても、その国外財産に関する所得税等又は相続税について、調査があったことにより更正又は決定があるべきことを予知してされたものでないときは、その国外財産調書は提出期限内に提出されたものとみなして、過少申告加算税等の特例を適用することとされています。

4 罰　則

　国外財産調書の提出制度においては、故意に、次の行為をした場合には、1年以下の懲役又は50万円以下の罰金に処することとされています。
① 　偽りの記載をした国外財産調書を提出した場合
② 　正当な理由がなく提出期限内に国外財産調書を提出しなかった場合
③ 　国外送金等調書法第9条第3号及び第4号の規定に該当する行為が認められた場合

　国外送金等調書法第9条第3号の規定に該当する行為が認められた場合とは、国外財産調書の提出に関する調査について行う当該職員の質問に対して答弁せず、若しくは偽りの答弁をし、又は検査を拒み、妨げ、若しくは忌避したときをいい、同条第4号の規定に該当する行為が認められた場合とは、国外財産調書の提出に関する調査について行う物件の提示又は提出の要求に対し、正当な理由がなくこれに応じず、又は偽りの記載若しくは記録をした帳簿書類その他の物件（その写しを含みます。）を提示し、若しくは提出したときをいいます。

5 実務上の留意点

　国外において発行される公社債等の運用による利子等も、利子所得として区分されます。利子所得とは、①公社債の利子、②預貯金の利子、③合同運用信託の収益の分配金、④公社債投資信託の収益の分配金、⑤公募公社債等運用投資信託の収益の分配金の所得をいいます。利子所得については、源泉分離課税の適用を受けるものを除き「総合課税」により課税されることとされています。

しかし、居住者が、昭和63年4月1日以後に支払を受けるべき国外において発行される公社債等の利子等について、国内における支払いの取扱者を通じてその交付を受ける場合には、その支払を受けるべき国外公社債等の利子等については、15.315％の税率により所得税が源泉徴収され（居住者については、このほか5％の税率により住民税が源泉徴収されます。）、他の所得と区分して課税され、確定申告は不要となります。

　一方、国外公社債等の利子等の交付において、国内の証券会社等を通じて受けたものでない場合には、利子所得に対する課税の特例（源泉分離課税）を受けることができないことから、原則どおり「総合課税」として課税されることになります。

　この場合、利子所得の金額の計算は、収入金額をもってその所得の金額とされることから、必要経費を控除することはできません。さらに、公社債等の譲渡損益は非課税とされていることから、公社債等の譲渡損失はないものとされます。

　国外財産調書の提出によって、国外公社債等の利子等について過去の利子所得の申告漏れの発見の端緒になると予想されます。

【編著者紹介】

山本　和義（税理士・CFP）………全体監修・第3章担当
税理士法人FP総合研究所　代表社員

【略　　歴】

昭和27年　大阪に生まれる。
昭和50年　関西大学卒業。会計事務所勤務。
昭和57年　山本和義税理士事務所開業。
昭和60年　㈱FP総合研究所（旧㈲エフ・ピー総合研究所）設立。代表取締役に就任。
平成16年　税理士法人FP総合研究所設立。代表社員に就任。

現在、資産運用・土地の有効利用ならびに相続対策等を中心に、各種の講演会・研修会の企画運営、ならびに講師として活動。また、資産税に関する研修会、個人所得・経営に関する研修会を毎月、定期的に開催している。

【主要著書】

『巡回監査担当者のための相続対策の基礎知識と標準業務の進め方』（清文社）
『税理士のための相続税の申告実務の進め方』（清文社）
『タイムリミットで考える相続税対策実践ハンドブック』（清文社）
『不動産オーナーのための不動産管理会社を設立・活用した税務対策』（共著・清文社）
『消費税大増税対応／不動産取引の消費税対策』（共著・清文社）
『これならできる！物納による相続税の納税対策』（共著・清文社）
『証券をめぐる税務と相続対策』（共著・清文社）
『どこをどうみる相続税調査』（共著・清文社）
『どこをどうみる消費税の税務調査』（共著・清文社）
『大切なひとの安心を支える相続手続ハンドブック』（実務出版）
『遺産分割と相続発生後の対策』（共著・大蔵財務協会）
『相続税の申告実務と遺産整理業務のポイント』（監修・TKC出版）
ほか多数。

【共著者紹介】

高田　隆央（たかだ　たかお）………第２章担当
昭和48年　神戸に生まれる
平成11年　FP総合研究所に入所
平成13年　税理士登録
現在、税理士法人FP総合研究所　資産税第３部門ゼネラルマネージャー
主要著書「証券をめぐる税務と相続対策」「どこをどうみる相続税調査」

宇都宮　春樹（うつのみや　はるき）………第１章担当
昭和49年　大阪に生まれる
平成８年　京都産業大学卒業後専門学校講師、税理士事務所勤務
平成15年　FP総合研究所に入所
平成15年　税理士登録
現在、税理士法人FP総合研究所　資産税第１部門ゼネラルマネージャー
主要著書「証券をめぐる税務と相続対策」

プロからのアドバイス　新相続税制・証券税制と資産対策

2014年８月７日　発行

編著者	山本 和義
共著者	高田 隆央・宇都宮 春樹　ⓒ
発行者	小泉 定裕
発行所	株式会社 清文社

東京都千代田区内神田１－６－６（MIFビル）
〒101－0047　電話 03(6273)7946　FAX 03(3518)0299
大阪市北区天神橋２丁目北２－６（大和南森町ビル）
〒530－0041　電話 06(6135)4050　FAX 06(6135)4059
URL http://www.skattsei.co.jp/

印刷：㈱廣済堂

■著作権法により無断複写複製は禁止されています。落丁本・乱丁本はお取り替えします。
■本書の内容に関するお問い合わせは編集部までFAX(06-6135-5056)でお願いします。
＊本書の追録情報等は、当社ホームページ(http://www.skattsei.co.jp)をご覧ください。

ISBN978-4-433-52824-9

巡回監査担当者のための
相続対策の基礎知識と標準業務の進め方

税理士　山本和義　著

相続対策の提案を通じ贈与税の申告業務の受託や新たな資産管理会社の設立などの活用方法を詳解。相続に関する基礎知識と月次巡回監査の中で相続対策の提案をどのように進めていけば良いかなどについても解説。

■B5判336頁/定価：本体 2,600円+税

清文社 eセミナー　実務をサポートするeラーニング講座

清文社eセミナーは、税務・会計実務の要点を第一級の実務専門家による実践講義により、わかりやすく解説しています。
オフィスでもご自宅でも、ご自身のペースで受講できるeラーニングサイトです。

トラブルを未然に防ぐ生前贈与対策

講師：税理士　山本和義
受講時間：90分
受講料：3,000円+税
受講期間：お申込み完了の
　　　　　購入日より180日間

平成25〜27年度に施行される相続税・贈与税の改正概要をまとめ、事前に講じておきたい対策を、「暦年贈与」「相続時精算課税」「納税猶予」をはじめ、それらの特例も含め、項目ごとにポイントを解説しています。

（本講義の内容は、平成26年4月1日現在の法令等によっています。）

○お申込み方法・詳細は、清文社ホームページよりご確認ください。
http://www.skattsei.co.jp